Zu diesem Buch Überall in der Privatwirtschaft, bei Behörden und Forschungseinrichtungen hat der Computer die anfallenden Routinearbeiten übernommen. Er erledigt Verwaltungsarbeiten, Planungs- und Steuerungsaufgaben, überwacht technische Prozesse, er ist ein Diagnose- und Therapiewerkzeug in der Medizin, mit seiner Hilfe können wissenschaftliche Versuche simuliert und vorausberechnet werden, er findet Anwendung im Ausbildungswesen und nicht zuletzt erstellt er persönliche Datensammlungen. Bei weitestmöglichem Einsatz der EDV im Büro hält der DGB für die Zukunft 3 Millionen Korrespondentenplätze und 2 Millionen Schreibplätze für rationalisierungsbedroht. Die Rationalisierungsüberlegungen gehen heute so weit, die EDV selbst zu rationalisieren.

Was ist eigentlich ein Computer genau? Wie erfolgt die elektronische Verarbeitung von Daten? Können Elektronenrechner eines Tages menschliches Denken ersetzen?

Von diesen und ähnlichen berechtigten Fragen und Ängsten des einzelnen angesichts einer allmächtigen Technologie ist dieses Buch ausgegangen. Es erklärt einführend Geschichte und Arbeitsweise von EDV-Anlagen. Mit je einem Kapitel über die Anwendung der EDV und deren Auswirkungen stellt der Band zur Diskussion, ob der Mensch sein technologisches Wissen wirklich fortschrittlich, für oder gegen sich selbst, einsetzt.

Computer

Technik, Anwendung, Auswirkungen

von Xavier Berenguer, Albert Corominas
und Josep Garriga und
Börje Langefords als Interviewpartner

rororo

Rowohlt

Titel der Originalausgabe «Los Ordenadores»
Aus dem Spanischen übertragen
von Klaus Schubert
Für die Taschenbuchausgabe eingerichtet
und bearbeitet von Kerstin Lorenzen
Layout Hermann Knauel
Umschlagentwurf Werner Rebhuhn

Deutsche Erstausgabe

Veröffentlicht im Rowohlt Taschenbuch Verlag GmbH,
Reinbek bei Hamburg, im Juni 1978

Satz: Wilhelm Arnholdt, Hamburg
Druck und buchbinderische Verarbeitung Graficas Estella,
S. A. / Estella (Navarra)
Printed in Spain
D.L.:NA-239-1978
680-ISBN 3 499 17147 3

Inhaltsverzeichnis

Die Mittel oder die Medien, mit denen Daten erfaßt werden können, sind: Lochkarten, Lochstreifen, Magnetbänder, Magnetplatten und auch – bei direkter Dateneingabe in den Speicher – Bildschirme.
Oben: 6 Magnetbandeinheiten, auf denen Daten außerhalb des Arbeitsspeichers festgehalten sind: Magnetband-, Kassetten- oder Magnetplattenspeicher sind Externe Speicher. Sie dienen für solche Daten, die aus Platzgründen nicht dauernd im Speicherwerk stehen können.

Was ist ein Datenverarbeiter?

Börje Langefords wurde am 21. März 1915 in Ystad (Schweden) geboren. In Malmö studierte er Ingenieurwissenschaften und erlangte 1937 sein Diplom. Anschließend spezialisierte er sich im Rahmen von Forschungsarbeiten am Königlichen Institut für Technologie in Stockholm.

Von 1943 bis 1946 leitete er das Aircraft Instruments Laboratory, von da an bis 1949 das Hidraulic Laboratory; von 1949 bis 1961 stand er dem Computation Laboratory and Engeneering Data Processing Center und von 1962 bis 1965 dem Systems Department Data Saab vor. Seit 1965 ist er Professor für Business Information Systems am Königlichen Institut für Technologie der Stockholmer Universität. Von 1960 bis 1965 war er Vorsitzender der Schwedischen Gesellschaft für Datenverarbeitung, und seit 1966 ist er Vorsitzender des Schwedischen Ingenieurverbandes.

Während seiner beruflichen Laufbahn hat er sich mit Fragen des Einsatzes von Analogrechnern zur Steuerung von automatisierten Maschinen und der Fertigung und Entwicklung von Digital- und Analogrechnern beschäftigt. Mit der Entwicklung von Matrixsystemen zur Analyse von mechanischen Systemen und Strukturen hat er zum Einsatz von Computern beim Entwurf von Flugzeugteilen beigetragen. Er hat darüber hinaus Programmier- und Kompilationssprachen studiert und sich der Systemtheorie im Rahmen der Informatik gewidmet.

Von seinen bedeutendsten Veröffentlichungen sollten erwähnt werden:

- Theory of Aircraft Structural Analysis (1958)
- Algebraic Topology for Elastic Networks (1961)
- Some Approaches to the Theory of Information Systems (1963)
- Theoretical Analysis of Information (1964)
- Systems for Management Control (1968)
- Introduction to Information Processing and Computer Science (1968)

In den letzten 20 Jahren vollzog sich auf dem Gebiet der Bautechnik wirkungsvoller Rechenmaschinen eine spektakuläre Entwicklung. Die elektronischen Datenverarbeiter, gemeinhin als «Computer» bekannt, gelten heute als unentbehrliche Instrumente in den verschiedensten gesellschaftlichen Bereichen, und durch sie hat die Informationstheorie einen großen Impuls erhalten.

In einem Gespräch mit Herrn Professor Börje Langefords, einem bekannten Fachmann auf dem Gebiet der Datenverarbeitung, werden wir uns im folgenden einen Überblick auf dem interessanten Gebiet der Informatik verschaffen.

Was ist ein Datenverarbeiter?
«Ich will versuchen, keine allzu enge Definition dieses Begriffes aufzustellen. Gewöhnlich wird er als eine Maschine beschrieben, die ein gewisses Rechenvermögen besitzt, dabei gleichzeitig Daten und Programme speichern kann und in der Lage ist, ihre Programme eigenständig zu verändern.

Wichtig ist, daß sie in ihrem ‹Gedächtnis›, dem Speicher, sowohl Tatsachen, die sich auf die Außenwelt beziehen, als auch Anweisungen festhalten kann.»

Gibt es verschiedene Arten von Datenverarbeitern?
«Früher trennte man zwischen bestimmten Computern, die zur Verarbeitung der in Unternehmen anfallenden Daten eingesetzt werden, und anderen, die sich wissenschaftlichen Aufgaben zuwenden. Gewissermaßen besitzt diese Unterscheidung auch heute noch Gültigkeit, doch gegenwärtig sind wir eher an der Unterscheidung von Computern mit einem großen Datenverarbeitungsvermögen – sei ihr Einsatz nun zum Beispiel in der Industrie, im Handel oder in der Naturwissenschaft zu suchen – sowie kleinen Computern interessiert.

Die Minicomputer besitzen heutzutage ein für jedes Einsatzgebiet umfassendes Rechenvermögen. Sie leisten praktisch alles. Man könnte fast behaupten, ihr Einsatz sei universell: indem man Peripheranlagen an sie anschließt, können sie

Ein Blick in «das Gehirn» einer Datenverarbeitungsanlage, den Internen Speicher oder die Zentraleinheit (CPU = Central Processing Unit). Die Zentraleinheit besteht aus Leitwerk (Koordination der Operationen), Speicherwerk (für das bearbeitete Programm, die notwendigen Daten und Zwischenergebnisse) und Rechenwerk (Durchführung der logischen Rechenoperationen).

Computer sind Werkzeuge des Menschen, die nicht nur Büroarbeiten und die Forschung rationalisiert haben, sondern auch den Ablauf technischer Prozesse steuern können. Oben: Das Stromversorgungsnetz von Budapest ist programmgesteuert.

den spezifischen Notwendigkeiten unterschiedlichster Aufgaben angepaßt werden. Darüber hinaus können wir noch eine dritte Kategorie unterscheiden: die der Mikrocomputer, deren zentrale Einheit nicht größer als ein Daumennagel ist; ihr großer Vorteil ist die Möglichkeit, sie in Maschinen und Instrumente einzubauen, wo sie bestimmte (Rechen)funktionen übernehmen können.»

Wir hatten den Eindruck, daß es zwei Arten von Datenverarbeitern gibt: solche, die rechnen, und solche, die nach dem Analogieprinzip vorgehen.
«Ja. Mit Computer meinen wir in der Regel den Digitalrechner, der – wie die mechanischen Bürorechner – bestimmte Rechenaufgaben exakt ausführt.

Doch für bestimmte Aufgaben werden auch sogenannte Analogrechner eingesetzt; diese erstellen eine Art von elektrischer Nachbildung des zu analysierenden Tatbestandes.

Die Einsatzbereiche dieser Rechner sind noch beschränkt, da sich viele der realisierten Modelle bis jetzt nicht in elektrische Schaltkreise umsetzen lassen.»

Welches sind die wichtigsten technischen Neuerungen auf dem Gebiet der Datenverarbeitung?
«Aus technisch-physikalischer Sicht beziehen sich die wichtigsten Neuentwicklungen auf Eingabegeräte, das heißt Anlagen, die Daten von dem Benutzer des Computers aufnehmen und umgekehrt auf solche, die die aus der Datenverarbeitungsanlage gewonnenen Daten oder Rechenergebnisse wieder an den Benutzer zurückleiten.

Diese Geräte müssen unsere Sprache in eine für Maschinen verständliche Sprache umsetzen und umgekehrt. Eine sehr interessante Neuerung besteht darin, die traditionellen Ein- und Ausgabevorrichtungen (zum Beispiel Lochkarten oder -bänder) durch Terminals zu ersetzen, die unmittelbar an den Datenverarbeiter angeschlossen werden, so daß der Benutzer seine Anweisungen an den Computer nur noch auf eine Tastatur wie die einer Schreibmaschine zu tippen braucht. Die Maschine kann ihm dann sofort antworten, Problemlösungen übermitteln oder auch angeben, welche Datenangaben noch unvollständig sind.

Obwohl dies nur wie eine kleine technische Veränderung aussieht, beinhaltet diese Neuerung doch einen großen Vorteil: Bis vor kurzem noch war es – wollte man einen Datenverarbeiter benutzen – unumgänglich, die Fragen in streng logischer Form zu stellen. Schon ein kleiner Schreibfehler konnte den ganzen Vorgang um einen Tag hinauszögern, bis man nämlich erkannt hatte, daß der Datenverarbeiter die Anweisung auf Grund dieses Fehlers überhaupt nicht verstanden hatte. Heute ist es möglich, einen Datenverarbeiter zu befragen, was er über einen konkreten Sachverhalt weiß; dieser kann seinerseits mit Rückfragen antworten und zum Beispiel die Präzisierung des abgefragten Tatbestandes verlangen. Indem es so nicht mehr nötig ist, die spezifische Sprache des Datenverarbeiters zu kennen, kann man mit ihm wie mit einem Menschen Gespräche führen.

Darüber hinaus gibt es auch mehrere neue Techniken, welche es möglich machen, Daten im Schnellverfahren zu speichern, sowie eine Art zusätzlichen Speicher für den Fall, daß man mit einer sehr großen Anzahl von Daten zu tun hat. Diese zusätzlichen Speicher sind zwar langsamer, aber dafür besitzen sie eine größere Kapazität. Es handelt sich also um einen Vorgang ähnlich denen in unserem Gehirn, welches bestimmte Daten schnell finden kann, für andere aber viel mehr Zeit braucht.»

In welchem Maße können elektronische Datenverarbeiter unsere gegenwärtigen Arbeitsweisen verändern?

«Auf diesem Gebiet hat die Datenverarbeitung meines Erachtens viele Einflußmöglichkeiten. Wenn Sie als Ingenieur vor einem komplizierten Problem stehen, dann versuchen Sie, es zu lösen, indem Sie mathematische Methoden anwenden. Heutzutage kann jeder ausnutzen, daß man bestimmte Kategorien von Problemen auf eine praktische Art und Weise lösen kann. Wir haben zum Beispiel analoge Datenverarbeiter für die Lösung eines Problems im Bereich der mechanischen Vibrationen bei Flugzeugen verwandt; dabei handelt es sich ja um eine hochgradig mathematische Angelegenheit. Ich bemerkte dabei, daß einige meiner Mitarbeiter sich mit dem Problem auseinandersetzen konnten, obwohl sie eine ungenügende mathematische Vorbildung besaßen. Denn sie hatten ausreichend Erfahrungen in der Arbeit mit Analogmodellen oder als Funkamateure gesammelt. Ein moderner Datenverarbeiter ist imstande, mittels seiner Terminals und der Dialogmöglichkeiten, mit denen er ausgestattet ist, jemandem das Lösen von Spezialaufgaben beizubringen.»

Unten im Vordergrund: 2 Lochkartenleser, die man zu den Eingabegeräten von Daten zählt. Weitere Beispiele für Daten-Eingabegeräte sind: Magnetkarten- und Lochstreifenleser, technische Meßgeräte, Ausweis- und sogar Handschriftenleser.

Gegenwärtig stehen wir vor dem Problem, daß eine große Anzahl von Arbeitern durch die Anwendung von Automaten, automatischen Überwachungssystemen, ersetzt werden können. Würde das aber nicht der Arbeitslosigkeit Vorschub leisten?
«Dies ist ein sehr wichtiges Problem. Wenn wir die Möglichkeit haben, neue Operationen zu automatisieren, so ist die Entscheidung, ob man von dieser Möglichkeit Gebrauch machen will oder nicht, eine politische. Wenn wir den Fortschritt nicht aufhalten, sondern Nutzen aus ihm ziehen wollen, so können wir unter Einsatz der Hälfte der bisher notwendigen Arbeitskraft eine größere Menge von Produkten erzeugen als bisher. Die Entscheidung bleibt uns überlassen, ob wir mit derselben Quantität menschlicher Arbeit mehr Produkte herstellen wollen (es wird dann zwar keine Arbeitslosigkeit mehr geben, aber vielleicht zerstören wir unseren Planeten durch einen Überschuß an Produktion bzw. der damit verbundenen Menge an Abfällen), oder ob wir es vorziehen, weniger Erzeugnisse herzustellen, das Wachstum also zu bremsen. Fahren wir aber mit der Automatisierung fort, so werden wir nach und nach mehr freie Zeit für andere Dinge, einfach für Muße, gewinnen.»

Wozu benutzt man die Datenverarbeitung in der Wirtschaft, und welche Ergebnisse hat ihre Einführung und Verwendung hier gehabt?
«Diese Frage ist schwer zu beantworten: Viele Jahre hindurch haben wir viel zu viele Datenverarbeiter verkauft. Denn zunächst begann man mit der Einführung von Computern in allen möglichen, geradezu alltäglichen Bereichen, wie Buchführung, Löhne oder Produktion. Im weiteren Verlauf der Entwicklung wandte man sich immer komplizierteren Aufgaben zu. Heute glaube ich, daß wir einen Fehler begangen haben, als wir die alltäglichen Aufgaben als unwichtiger einstuften; denn alltäglich waren sie nur aus mathematischer oder technologischer Sicht. Auf Grund dieses Fehlers stießen wir in der Folge auf unvorhergesehene Schwierigkeiten. Einmal waren die vorhandenen Datenverarbeiter für die einfachen oder fragmentarischen Zwecke, für die sie eingesetzt wurden, zu zahlreich: Die menschliche Arbeit, die durch sie gespart werden konnte, wog den Aufwand für die Computer und das notwendige Fachpersonal nicht auf. Später erst, als die Preise sanken, begann die Bearbeitung alltäglicher Aufgaben durch elektronische Datenverarbeiter vorteilhaft zu werden, und zwar so sehr, daß die großen Unternehmen ohne sie bald nicht mehr auskamen.

Dann kam man auf die Idee, daß es wirtschaftlich vielleicht viel günstiger wäre, alle vereinzelten Anwendungen von Datenverarbeitern zu integrieren und zu koordinieren. Dann könnte der Computer, so dachte man, dieselben Daten für verschiedene Zwecke einsetzen.

Was die Integration betrifft, so gelangte man auf diesem Wege zu einer viel zweckmäßigeren Einteilung. Als man dann jedoch mit dem Versuch begann, die verschiedenen Tätigkeiten tatsächlich zu integrieren, erkannte man, daß dies zu keinem Ergebnis führen konnte, denn solch unterschiedliche Aufgaben ließen

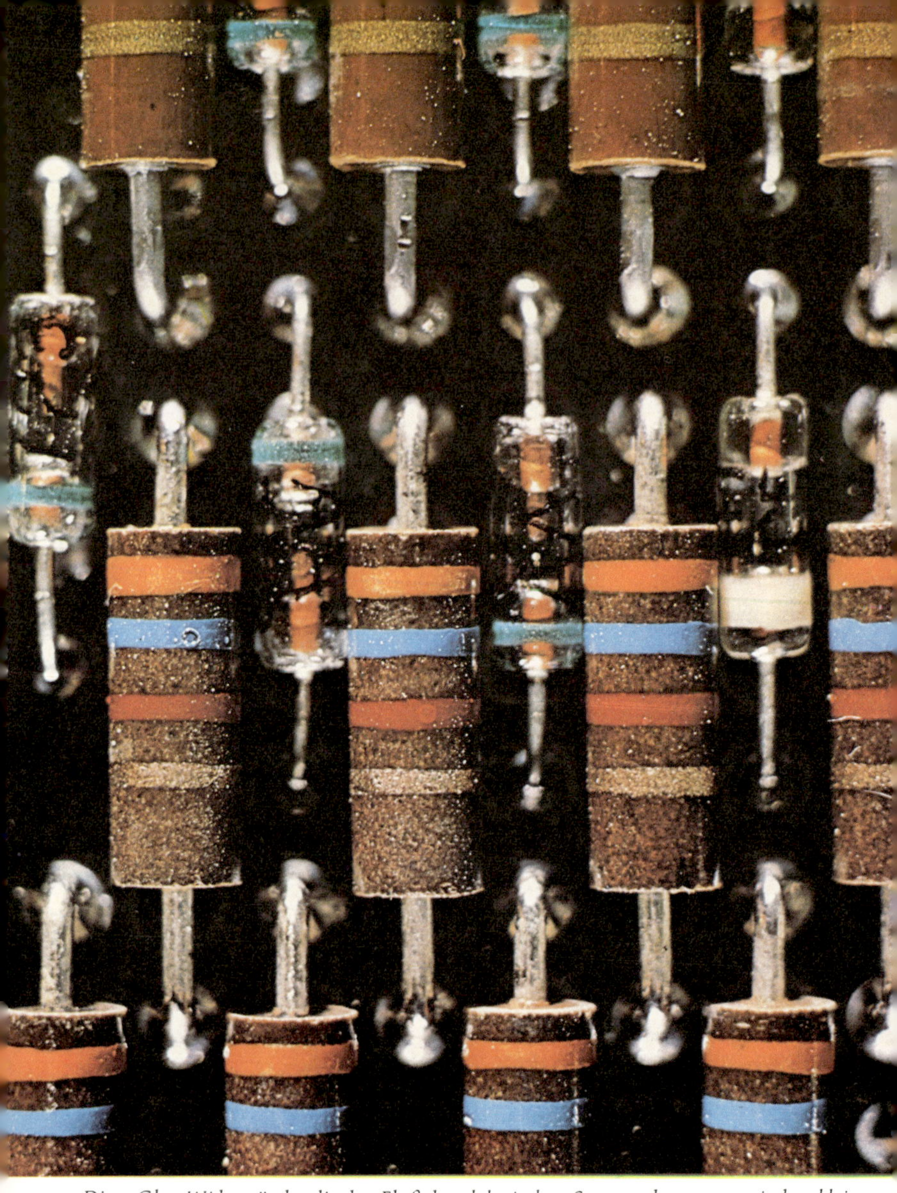

Diese Glas-Widerstände, die den Fluß des elektrischen Stroms «bremsen», sind so klein, daß Angaben über bestimmte Widerstände nicht mehr durch Schrift, sondern nur noch in Farben gemacht werden können.

sich nicht miteinander in Einklang bringen. So mußten wir jahrelang an der Veränderung der verschiedenen Aufgaben arbeiten, um überhaupt erst die Voraussetzung für eine solche Integration zu schaffen. Umfassende integrierte Systeme wurden entwickelt: Produktionskontrolle, Kontrolle über das gelagerte Material, Buchführung, Löhne... Und erst dann wurde uns klar, daß integrierte Systeme nicht durchführbar sind. Diese Erkenntnis wurde jedoch geheimgehalten, denn die Verantwortlichen, die die Entwicklung solcher – sehr kostspieliger – Projekte geleitet hatten, konnten nicht einfach zugeben, daß ihre Ideen zu einem absoluten Mißerfolg geführt hatten: Also begann man stillschweigend damit, die bislang integrierten Systeme wieder zu desintegrieren, um sie am Leben erhalten zu können.

Dies geschah hauptsächlich aus zwei Gründen: Erstens waren die Systeme nicht mit genügender Gründlichkeit und Klarheit strukturiert worden. Denn ein System kann ja nur so lange in Betrieb bleiben, wie die Zeit, die erforderlich ist, um eine Neuerung einzuführen, nicht die Zeit übersteigt, die zur Verfügung steht, bis eine weitere Neuerung erforderlich wird. Je umfassender ein System angelegt und je schlechter es strukturiert ist, desto länger wird man brauchen, um eine Veränderung einzuführen, und gelingt dies nicht, bevor die nächste Neuerung fällig wird, so muß man das ganze System aufgeben. Zudem erwiesen sich diese Systeme als undurchführbar, weil die realen Bedürfnisse der Benutzer nicht berücksichtigt worden waren. Denn man verfügte noch nicht über die nötige Erfahrung, um die sehr komplizierten Systeme mit letzter Perfektion herstellen zu können. Aus diesem Grund weist jedes komplexe System notwendigerweise einige Mängel auf. Die tatsächliche Inbetriebnahme hängt vollkommen davon ab, ob das zur Verfügung stehende Personal mit der Sache gut vertraut ist oder nicht. Diese Leute bräuchten die Arbeit nicht einmal zu sabotieren, es genügte schon, daß sie das System nur sich selbst überlassen, damit es zum Scheitern, ja, zur Katastrophe käme.»

(Fortsetzung des Interviews auf Seite 69)

Das Zeitalter der Informatik Wegen der Vielzahl umwälzender Erfindungen, die das 20. Jahrhundert verzeichnet, hat man unsere Zeit mit gewissem Recht, doch zumeist voreilig schon mit vielen Namen bedacht: man spricht vom Atomzeitalter, vom Zeitalter des Fernsehens, vom Weltraumzeitalter und nicht zuletzt vom Zeitalter der Informatik. Ein Begriff allein reicht nicht aus, um die erstaunliche Entwicklung der Produktivkräfte, derer wir Zeugen werden, eindeutig zu charakterisieren. Doch zweifellos spielt die Informatik in unserem Zeitalter eine Rolle von grundlegender Bedeutung.

Bis vor wenigen Jahren konnte sich die Informatik entwickeln, ohne die Aufmerksamkeit der breiten Öffentlichkeit allzu sehr auf sich zu ziehen. Doch in der letzten Zeit erobert sie zunehmend unser tägliches Leben: die monatliche Stromrechnung, die Gehaltsabrechnung, die Kontoauszüge der Bank, denen wir täglich begegnen, werden millionenfach mit dem Einsatz moderner Datenverarbeiter erstellt. Tausende von Unternehmungen der privaten Wirtschaft bedienen sich der «Computer» zur Führung ihrer Buchhaltung, ihrer Kundenkartei, der Lagerhaltung oder des Rechnungswesens. Sie werden im Verkauf und bei der Platzreservierung im Flug- und Eisenbahnverkehr eingesetzt und erobern allmählich die Hotelbranche und sogar die freien Berufe. Auch in anderen Lebensbereichen bekommen wir den Einsatz dieser Maschinen zu spüren: sogar bei der Wahl des idealen Lebenspartners und der Erstellung von Horoskopen.

Mit dem Ausbruch aus ihren ursprünglichen Heimstätten, den Universitäten und den Großunternehmen, haben die Datenverarbeitung und die Informatik im Sturm die Massenmedien und sogar die Welt des Betrugs erobert.

Unter dem Begriff Informatik ist die Technik – sie als Wissenschaft zu bezeichnen, ist bis jetzt umstritten – zu verstehen, die sich mit der Information, besonders mit ihrer automatisierten Verarbeitung beschäftigt. Diese automatisierte Inforationsverarbeitung kann in der Durchführung verschiedener Funktionen bestehen: in der Durchführung von Rechenaufgaben, im Sortieren nach bestimmten Kriterien oder im Ausdrucken.

Unter den Mitteln, über die die Informatik verfügt, ist der Elektronische Datenverarbeiter oder Computer der charakteristischste und leistungsfähigste. Computer und Informatik sind zwei eng miteinander verbundene Begriffe; dies geht so weit, daß der Begriff Informatik aller Wahrscheinlichkeit nach nie geprägt worden wäre, hätte es den Computer nicht gegeben.

Die Vorgeschichte. Zehn Finger, Steine und Rechenbretter Der Gebrauch der Grundrechenarten – Addieren, Subtrahieren, Multiplizieren und Dividieren – zur Lösung arithmetischer Aufgaben stellt im allgemeinen an die Menschen keine besonderen Anforderungen. Doch der Versuch, eine Multiplikation mit römischen Ziffern durchzuführen, dürfte schon einige Schwierigkeiten bereiten.

Es ist anzunehmen, daß der primitive Mensch seine Finger zur Durchführung leichter Rechenaufgaben zur Hilfe genommen hat; mit den Fingern seiner Hände kam er auf zehn und mit Hilfe der Hände anderer Menschen konnte er Zehner mit Zehnern zusammenfügen. Eine Kordel mit Knoten in gleichmäßigen Abständen hat dem Menschen beim Zusammenzählen Hilfestellung geleistet; und

---

«Ein riesiges Unterfangen, wenn man bedenkt, daß es sich um ein Unternehmen handelt, dessen tägliche Ausgaben sich auf achthundert Millionen Dollar belaufen. Glücklicherweise wird diese Art von Arbeit enorm durch die Fortschritte der modernen Mechanik erleichtert. Mit Hilfe seines ‹elektrischen Konsolen-Rechners› hatte Francis Benett seine Aufgabe bald beendet. Er kam noch rechtzeitig. Er hatte gerade den Knopf für das Endergebnis gedrückt, da wurde auch schon in diesem Erfahrungsbereich nach ihm gerufen.»

JULES VERNE (aus «Gestern und Morgen»)

bei den alten Ägyptern zum Beispiel sortierte man zum gleichen Zweck Kieselsteine in Zehnerhäufchen.

Als nächster Schritt kam die Erfindung der *Rechenbretter*. In seiner einfachsten Ausführung handelt es sich um ein gerilltes Brett; in die erste Rille werden so viele Steine hineingelegt wie Gegenstände gezählt werden sollen. In die zweite wird für jeweils zehn abgezählte Gegenstände ein Steinchen gelegt, so daß wiederum jeweils ein Steinchen der zweiten Rille für je zehn Steinchen (= zehn Gegenstände) der ersten steht. Ein Steinchen in der dritten Rille bedeutet dann hundert Gegenstände.

War eine Kultur bis zur Einführung der Rechenbretter vorgedrungen, so bedeutete das einen enormen Fortschritt. Es gibt sowohl im Mittelmeerraum wie im konfuzianischen China und in den präkolumbischen Kulturen Amerikas Funde solcher Bretter.

Noch heute werden sie in verfeinerter Form weiterverwendet, besonders in den Kulturen des Fernen Ostens. Kurz nach der Besetzung Japans durch die

Das früheste, heute noch von vielen verwendete Rechengerät ist der Abakus. Ein Ring jeweils der oberen und unteren Hälfte steht für eine bestimmte Anzahl zu zählender Gegenstände. Um eine bestimmte Zahl darzustellen, werden die entsprechenden Ringe an die Mittelstrebe geschoben.

nordamerikanischen Truppen wurde in diesem Zusammenhang ein einmaliger Wettstreit ausgetragen: einem erfahrenen nordamerikanischen Soldaten mit einem elektrischen Tischrechner und einem Beamten der japanischen Postverwaltung, der sich eines für sein Land typischen *Abakus* bedienen durfte, wurden gleichzeitig fünf komplizierte Rechenaufgaben vorgelegt, die aus Kombinationen der vier Grundrechenarten bestanden; jeweils unter Anwendung ihrer besonderen Rechenhilfe kamen die Japaner in vier Fällen schneller zu einem Endergebnis als die Nordamerikaner, die sich mit nur einem Sieg zufriedengeben mußten.

Die Zahlen und ihre Symbole Jahrtausende waren notwendig, bis man zu adäquaten Symbolen für die schriftliche Fixierung von Zahlengrößen gelangte, zu einer Symbolik, die auch ein schriftliches Lösen von Rechenaufgaben ermöglichen sollte.

Die erste uns bekannte Methode bestand darin, jede Einheit durch ein Zeichen darzustellen. Die Griechen bezeichneten die Nummern mit den Buchstaben des Alphabets, und die römische Schreibweise ist uns allen bekannt. Als großer Nachteil dieser Schreibweisen erwies sich das Fehlen der Kategorie *Null*. Indische Mathematiker haben im ersten oder zweiten Jahrhundert unserer Zeitrechnung den Begriff der Null eingeführt sowie die darauf sich gründende Zahlenordnung, nach der Einer, Zehner, Hunderter, Tausender... nacheinander aufgezeichnet werden.

Auf Grund der Werke großer arabischer Mathematiker gelangte dieses System nach Europa, wo es sich – nicht ohne Schwierigkeiten – erst seit dem 12. Jahrhundert durchzusetzen begann.

Die mechanischen Rechner Die bürgerliche Revolution und die Schaffung und Verbreitung neuer Lebensbedingungen durch den Kapitalismus haben dem wirtschaftlichen Leben der Völker großen Auftrieb gegeben. Die Handelsbeziehungen wurden komplizierter, und im Bereich der Wissenschaft entstanden neue Bedürfnisse. Mit dieser Entwicklung wurde die Notwendigkeit offensichtlich, über leistungsfähige technische Instrumente verfügen zu können; die bereits zu dieser Zeit schon recht komplizierten Rechenaufgaben mußten bewältigt werden. Denken wir nur an die Fortschritte der Astronomie jener Zeit, an die Aufstellung von Navigationskarten, die erstmalige Knüpfung weltweiter Handelsbeziehungen, das Erstarken der ersten Handelsbanken und die ersten Steuererhebungen.

In diese Epoche, das 17. Jahrhundert, fällt die Entwicklung des erst in unserer Zeit bekanntgewordenen *mechanischen Rechners,* dessen Erfindung dem französischen Philosoph und Mathematiker Blaise Pascal (1623–1662) zugesprochen wird.

In Wirklichkeit ging es lediglich um eine Addiermaschine, die sich Pascal für seinen Vater, der Steuereintreiber war, ausgedacht hatte. Analog zum Rechen-

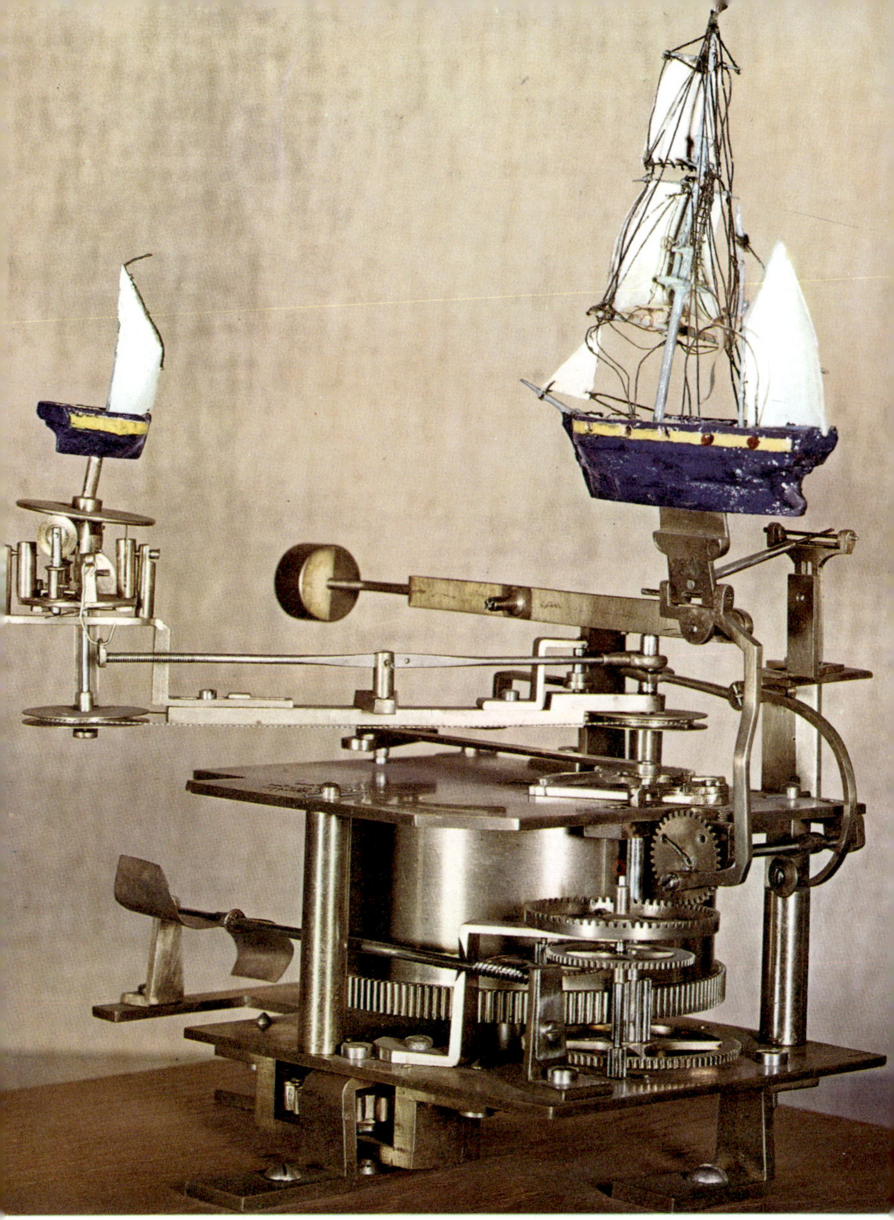

Ein Schiffsmodell, das sich auf einem mechanischen Räderwerk vom Ende des 19. Jhdts. bewegt.

Der Franzose Blaise Pascal (1623–1662), Mathematiker und Physiker, erfand und baute 1642 für astronomische – und auch Steuerberechnungen die ersten mechanischen Rechner, die er als gewiefter Geschäftsmann fabrikmäßig herstellen ließ und vertrieb.

brett, bei dem die Grundaufgabe in der Bildung von Steinhäufchen bestand, in dem jeweils ein Steinchen der Zehner-Ordnung zehn Einheiten der Einer-Ordnung darstellte, werden im mechanischen Rechner die Zacken eines Zahnrades gezählt. Die Schwierigkeit dieses Rechners bestand darin, daß nach der Zählung von zehn Einheiten (das Zahnrad hat genau zehn Zacken) das ihm nächstliegende Rädchen um eine Position bewegt werden muß. Dieses Problem wurde auf verschiedene Weisen gelöst: zu den einfachsten Lösungen könnte man die Zählwerke eines Tachometers oder eines Strom- oder Gaszählers zählen. Die Konstruktionsmöglichkeit solcher Mechanismen wurde durch die von den Uhrmachermeistern entwickelten Uhrwerke zur größeren Präzision in der Zeitmessung stark begünstigt.

Um mit Pascals Rechner zu multiplizieren, mußte man auf aufeinanderfolgende Summen zurückgreifen. Mit der Einführung abgestufter Rädchen konnte Gottfried Wilhelm Frhr. von Leibniz (1646–1716) den ersten Rechenmechanismus der Geschichte zur Durchführung von Multiplikationen entwickeln.

In unseren Tagen sind mechanische Rechenmaschinen weit verbreitet. Zum Beispiel Registrierkassen und Tischrechnern begegnet man überall. Sie wurden perfektioniert, und die Mechanismen sind komplizierter geworden; doch im Grunde beinhalten sie die von Pascal und Leibniz in ihren Prototypen angewandten Prinzipien.

Babbage und die analytische Maschine Die bisher genannten Erfindungen können nicht als automatische Mechanismen bezeichnet werden, da sie den ständigen Eingriff des Menschen in den Rechenprozeß wie Antrieb, das Ordnen, die Eingabe neuer Daten und die Aufzeichnung der Zwischenergebnisse bedürfen. Der Wunsch, diese ärgerlichen und sich wiederholenden Eingriffe, die den Rechenprozeß zusätzlich möglichen Fehlern aussetzen, zu vermeiden, führte zur Entwicklung einer automatisierten Maschine, die ohne Zutun des Menschen die Rechnungen mit der gewünschten Präzision und Genauigkeit durchführen kann. Der britische Mathematiker Charles Babbage (1792–1871) hat sich als erster diesem Problem zugewandt. Er versuchte dieses durch die Entwicklung einer «analytischen Maschine» mit universellen Einsatzmöglichkeiten zu lösen.

Wegen vieler Fehler in den Logarithmen-Tabellen seiner Epoche, dem 19. Jahrhundert, hatte er sich die Idee in den Kopf gesetzt, einen Mechanismus zu entwickeln, den er Differenzmaschine nannte. Diese sollte ihm die Logarithmen auf zwanzig Stellen genau berechnen. Er ließ dann dieses Projekt fallen, um sich einem viel ehrgeizigeren zuzuwenden: dem Bau einer *analytischen Maschine*.

Ein Rechner mit unbegrenzten Einsatzmöglichkeiten schwebte ihm vor, ein Rechner, der mehrere «Programme» zugleich speichern sollte.

In der Konzeption von Babbage sollte dieser Rechner über folgende Vorrichtungen verfügen:

a) Eine Eingabevorrichtung für die Daten und Anweisungen, die zur Durchführung der Rechenoperationen notwendig sind.
b) Ein Gedächtnis oder Speicher, der die eingegebenen Daten und die Ergebnisse von Zwischenrechnungen festhalten sollte.
c) Eine Kontrolleinheit zur Überwachung der Aufgabendurchführung in der vorgegebenen Reihenfolge.
d) Eine arithmetisch-logische Prozeßeinheit zuständig für die Durchführung der Rechenaufgaben, die das Programm beinhaltet.
e) Eine Ausgabevorrichtung zur Übermittlung der erzielten Ergebnisse.

Die Ähnlichkeit dieser Konzeption mit der Grundstruktur der heutigen Rech-

Das Ziel des englischen Mathematikers Babbage (rechts) für seine «Differenzmaschine» war, mathematische Tabellenwerke (z. B. Logarithmentafeln) fehlerfrei zu berechnen und auszudrucken. Es war ein erster Automatisierungsversuch, der allerdings fehlschlug. Babbage machte sich daraufhin an die Konstruktion seiner noch viel komplizierteren Analytischen Maschine, mit 50 000 Ziffernrädern eine in seiner Zeit nicht realisierbare technische Aufgabe.

ner ist derart groß, daß der Erfinder und der erste Konstrukteur von elektronischen Rechnern der heutigen Bauweise, der Amerikaner Howard H. Aiken (* 1900) einst feststellte: «Hätte Babbage 75 Jahre später gelebt, wäre ich heute arbeitslos!»

Babbage hat sein ehrgeiziges Projekt nicht fertigstellen können. Der Stand der Präzisionstechniken jener Zeit konnte die gestellten Ansprüche bei weitem nicht befriedigen. Babbage starb verbittert und hinterließ uns nur wenige Angaben über seine Arbeit. Will man seinen Gedankengängen auf die Spur kommen, ist es notwendig, auf die Werke einer seiner Schülerinnen zurückzugreifen, eine Zeitgenossin, die seine Idee teilte: Lady Lovelace, Tochter des Lord Byron.

Die Werke von Lady Lovelace beziehen sich hauptsächlich auf die Erarbeitung von Programmen für Babbages analytische Maschine, das heißt auf die Weise der Anreihung von Weisungssequenzen und deren Untergliederung.

Unsere Übersicht wäre nicht vollständig, würden wir nicht auf eine weitere, zukunftsträchtige Genialität von Babbage hinweisen: den Einsatz einer Art von *Lochkarten* als Träger von Anweisungen für die Arbeitsgänge eines Webstuhls jener Zeit (der Jacquard-Webstuhl).

Die Lochkartenrechner Der mechanische Rechner und die Erfindungen Babbages repräsentieren das, was man die Urgeschichte jener Werkzeuge nen-

Charles Babbage (1792–1871) legte der Konstruktion seiner Differenzmaschine ein Verfahren zugrunde, das der französische Ingenieur Prony (1755–1839) sich zum Erstellen von Logarithmen- und trigonometrischen Tafeln ausgedacht hatte: er zerlegte die Berechnung der Tabellenwerte so weit, daß an tatsächlichen Rechenaufgaben nur noch Additionen und Subtraktionen übrigblieben. Sein Mitarbeiterstab waren 5 bedeutende Mathematiker, 8 geübte Rechner und 80 «Rechenknechte», die nur noch mechanisch addierten und subtrahierten.

nen könnte, die der Mensch zur Lösung immer komplizierterer Problemstellungen hervorgebracht hat.

Der spektakuläre Fortschritt der Industriellen Revolution im 19. Jahrhundert und die zunehmende Komplexität in der Gestaltung der sozialen Strukturen und Beziehungen produzierte neue Herausforderungen an den menschlichen Erfindergeist: die Bewältigung großer Mengen an Information.

Im letzten Viertel des 19. Jahrhunderts stand das statistische Amt der Vereinigten Staaten von Amerika vor einem anscheinend unlösbaren Problem. Das Gesetz schrieb alle zehn Jahre eine Volkszählung vor. Doch 1886 bearbeitete man noch die Daten der Zählung von 1880. Es war klar, daß auch bei größten Anstrengungen zum Zeitpunkt der 1890 anstehenden Zählung die Auswertung der vorangegangenen noch nicht abgeschlossen sein würde. Die einzig mögliche Lösung dieses Problems sah man in der Mechanisierung der Auswertung.

Hermann Hollerith (1860–1929), ein Ingenieur in dem besagten Büro, beobachtete, daß der größte Teil der Fragen der Erhebung mit Ja oder Nein zu beantworten war. Da er den Kartenmechanismus des Webstuhls von Jacquard kannte, folgerte er, daß auf diesen Karten eine positive Antwort auf eine Frage zum Beispiel mit einer Lochung an einer bestimmten Stelle der Karte und eine negative Antwort dann mit dem Fehlen einer solchen Perforation dargestellt werden könnte.

Darüber hinaus überlegte er sich, daß die so verschlüsselten Informationen einer Maschine mit dem Einsatz elektrischer Schaltkreise verständlich gemacht werden könnten: die Karte wird derart in einen Apparat eingeführt, daß sie einen Schaltkreis unterbricht; befindet sich an einer bestimmten Stelle der Karte eine Lochung, wird der Schaltkreis wiederhergestellt und es fließt elektrischer Strom. Analog zum Schlüssel «Lochung bedeutet JA, keine Lochung bedeutet NEIN» gilt hier, fließt Strom, ist die Antwort auf die gestellte Frage JA, fließt keiner, «weiß» die Maschine, daß ein NEIN signalisiert wird.

Das *Hollerith-Lochkartenverfahren* wurde dann bereits in der Volkszählung von 1890 und 1891 eingesetzt.

Der große Vorteil der Informationsverarbeitung mit diesen Karten besteht in der Möglichkeit, die einmal durch Lochungen erfaßten Daten je nach Bedarf mechanisch und mit großer Geschwindigkeit immer wieder ablesen zu können.

Allgemein lassen sich bei den Lochkartenverarbeitungsanlagen, den «Klassikern» der Datenverarbeitung unserer Zeit, folgende Vorrichtungen unterscheiden:

a) Mit dem *Kartenlocher* werden die Informationen auf die Karten gestanzt. Dieses Gerät verfügt über eine schreibmaschinenähnliche Tastatur, über die eine Stanzvorrichtung betrieben wird.

In dem Plan seiner Analytischen Maschine (unten das Grundschema) hatte Babbage das Prinzip der Aufteilung einer Aufgabe in simpelste Rechenoperationen verbunden mit einer Lochkartensteuerung durch 2 Lochkartentypen: für Daten und für Befehle.

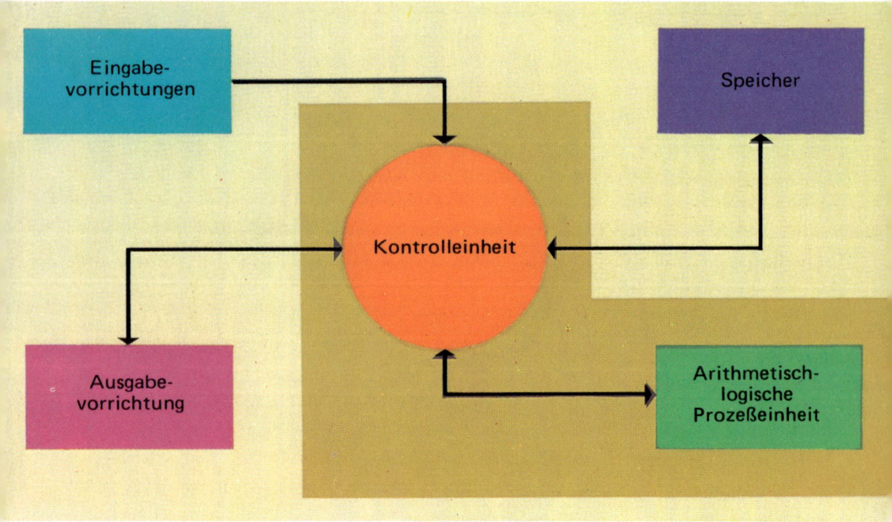

Der «Tabulator» Holleriths (siehe nächste Doppelseite) diente zur Auswertung von Lochkarten (Hollerithkarten).

b) Der *Kartenprüfer* ähnelt dem Locher, doch seine Aufgabe ist es, durch Vergleich die Genauigkeit zu überprüfen, mit der die Information auf die Karte übertragen wurde.

c) Die *Sortiermaschine* liest die Lochungen der Karten, sortiert sie nach bestimmten, vorgegebenen Kriterien und legt sie in verschiedene Fächer ab.

d) Der *Intervaller* wird zum Trennen und Mischen der Karten verwendet.

e) Der *Rechner/Locher* führt die im Programm vorgesehenen mathematischen oder logischen Operationen aus und stanzt die Ergebnisse oder Zwischenergebnisse auf entsprechende Karten.

Die Verarbeitungsgeschwindigkeit dieser Anlagen schwankt zwischen 100 und 500 Karten pro Minute; dies gibt uns einen Anhaltspunkt für den beachtli-

Ende des 19. Jahrhunderts stand in Amerika alle 10 Jahre eine Volkszählung an, ein unendlich langwieriges Verfahren, besonders was die Auswertung betraf. 1886 war noch kein Ende der Datenbearbeitung von 1880 abzusehen. Bei der 11. Zählung 1890 kam als Hilfsmittel das erste Mal eine Maschine zum Einsatz, die die Bearbeitungsdauer auf ein Sechstel der bis dahin benötigten Zeit abkürzen sollte – die Lochkartenmaschine des Ingenieurs Hermann Hollerith (links, 1860–1929). Hollerith hatte mit seiner Erfindung den lochkartengesteuerten Webstuhl des Franzosen Jacquard (1752–1834) erweitert. Hatte Jacquard Drahthaken durch gestanzte Lochkarten fallen und den Faden greifen lassen, so benutzte Hollerith Metallstifte zum Abtasten der Löcher. Dabei wurde jedesmal ein elektrischer Kontakt hergestellt, der entweder Ja oder Nein als Antwort auf eine statistische Frage bedeutete. Jacquards Lochkarte diente zur Steuerung eines Arbeitsprozesses, die Holleriths als Träger von Daten. Bis heute haben Lochkarten das von Hollerith eingeführte Format des damaligen Ein-Dollar-Scheins, sie wurden lange als «Hollerith-Karten» bezeichnet.

chen Fortschritt und die gesteigerten Möglichkeiten, die dieses System zur Verarbeitung großer Informationsmengen in der ersten Hälfte des 19. Jahrhunderts geleistet hat.

IBM und der Lochkarten-Markt Thomas J. Watson, erster Generaldirektor und Präsident der International Business Machines, abgekürzt IBM, begann seine Laufbahn in der Geschäftswelt als Verkäufer der Firma NCR, National Cash Register, die Registrierkassen herstellt. In dieser Zeit lernte Watson die entscheidende Bedeutung einer starken und effizienten Vertriebsorganisation für den wirtschaftlichen Erfolg eines Unternehmens schätzen. Sehr bald sollte er dieses Wissen einsetzen können: 1914 wurde er als Generaldirektor der Firma CTR, Computer Tabulating Recording, eingestellt. Diese hatte sich auf die Herstellung von Lochkartenverarbeitern spezialisiert. Als er 1924 selbst zum Besitzer dieser Firma wurde, taufte er sie in IBM um. Dem Unternehmen gelang ein großer Sprung nach vorn, nicht zuletzt wegen der von Watson aufgebauten Verkaufsorganisation: Es war ihm gelungen, einen Mythos um sein Unternehmen aufzubauen, den Mythos der «IBM». («Wie kein anderer arbeitet, ißt und schläft der IBM-Mann für ‹sein› Unternehmen.»)

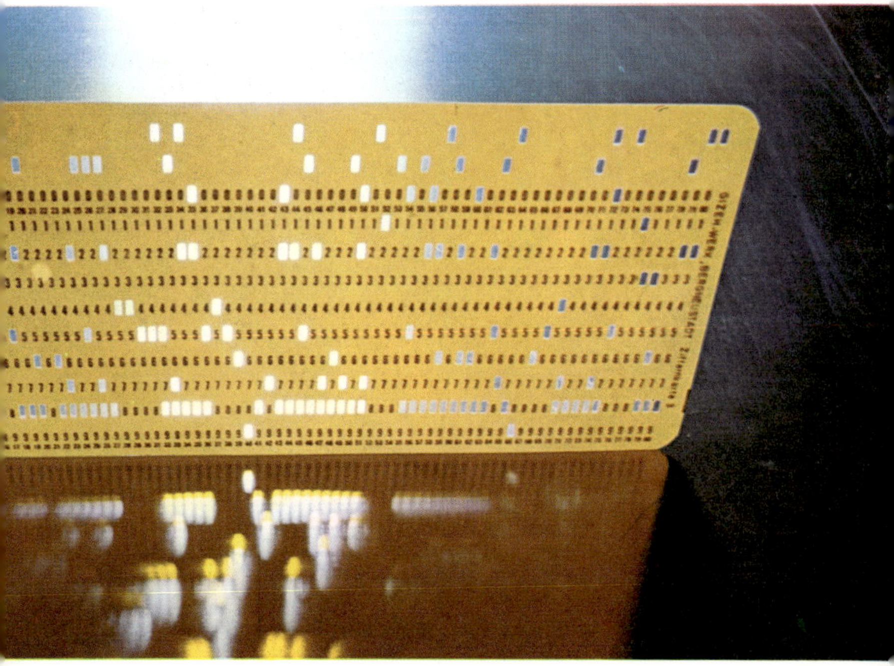

Ohne es zu ahnen, bereitete sich Watson auf die große Weltwirtschaftskrise des Jahres 1929 vor, die die amerikanische Wirtschaft in ihren Grundfesten erschüttern sollte. Zu Beginn dieser kritischen Zeit schloß die gesamte Organisation ihre Reihen, verdoppelte ihre Bemühungen und erlitt zu keiner Zeit Verluste.

Mit viel Intuition und vielleicht noch mehr Waghalsigkeit ließ Watson seine Fabriken auf vollen Touren laufen; seine Lager begannen alarmierende Dimensionen anzunehmen. Doch gerade als die Grenze des Erträglichen erreicht war, schaffte der eben gewählte Präsident Roosevelt mit seiner Politik, dem Aufbau des Sozialversicherungswesens und der aktiven Wirtschaftspolitik der Bundesregierung, die Vorbedingungen für den großen Verkaufsboom der IBM.

Die Unternehmen standen vor der Schwierigkeit, einer Vielzahl bürokratischer Auflagen Herr zu werden. Für die IBM bedeutete dies die Erschließung einer neuen und breiten Käuferschicht für ihre Produkte. Sie schöpfte diesen Markt auch fast konkurrenzlos aus. Der Staat selbst wurde ihr bester Kunde. Dank seines Lagers hatte das Unternehmen die neuen und plötzlich entstandenen Bedürfnisse befriedigen können. Schon 1935 produzierte die IBM jährlich über drei Milliarden Lochkarten, um die verkauften Maschinen zu füttern.

Die Entwicklung der Elektronischen Datenverarbeitung Die historischen Ausgangsvoraussetzungen, die Babbage zu seiner Zeit zum Bau seiner analytischen Maschine nicht vorgefunden hatte, reiften im ersten Drittel unseres Jahrhunderts heran. Die Zusammensetzung der sozialen Kräfte hatte sich außerordentlich gewandelt, und es entstanden große Konzentrationen an finanziellen Mitteln.

Die größere Komplexität der gesellschaftlichen Aktivitäten schaffte sowohl auf der Ebene der Verwaltung großer wirtschaftlicher Unternehmen wie im Bereich einer immer verfeinerteren Militärtechnologie eine Reihe von Notwendigkeiten, die zur Entwicklung jener elektronischen Datenverarbeiter führten, die wir heute gemeinhin unter dem Namen Computer kennen. Es entstand die objektive Notwendigkeit der Schaffung von Arbeitshilfsmitteln, die noch viel größere Mengen an Information als die klassischen Rechner verarbeiten konnten und die zudem zur Bewältigung von technisch-wissenschaftlichen Problemstellungen, bei deren Lösung man bis dahin auf den einfachsten Tischrechner zurückgreifen mußte, eingesetzt werden konnten.

Die Prototypen Howard Aiken, Professor an der Harvard Universität, hat den ersten dieser Computer in der Geschichte der Menschheit gebaut.

Dank der finanziellen Unterstützung und der bereits gesammelten großen Erfahrungen im Einsatz elektromechanischer Anlagen der IBM hat Aiken 1944 seinen «Mark» in Betrieb nehmen können, an dem er fünf Jahre gearbeitet hatte. Dieser Rechner war auf der Grundlage elektromechanischer Elemente gebaut, das heißt, ihm fehlten noch die elektronischen Elemente; dies macht «Mark I» zu

Der Computer...

... kann uns manches ersparen: das Rechnen, das Erinnern, das Entscheiden, das Denken, das Schreiben, die langweiligen Handgriffe, auch dies und das, was uns Sorgen machen könnte. Nur das Vorsorgen bleibt uns nicht erspart. Auch ein Computer kann nicht hellsehen.

Also müssen wir weiterhin sparen, damit wir nicht eines Tages schwarzsehen. Zum Trost schreibt uns der Computer gelegentlich, wieviel wir schon gespart haben.

einer einzigartigen Konstruktion, deren grundlegende Technik jedoch seitdem nicht mehr weiterentwickelt wurde.

Das grundlegende logische Schema des «Mark I» und aller Datenverarbeiter, die ihm folgten, lehnt sich vollkommen an Babbages Grundschema an: es besteht aus Ein- und Ausgabevorrichtungen, Speicher- und Rechen- und Kontrolleinheiten.

Die 200 000 Einzelteile und die 800 000 Meter Kabel, die er in seine Konstruktion einbaute, geben uns einen Hinweis auf den Umfang des Projekts.

Die von ihm zur Addition oder Subtraktion zweier Werte benötigte Zeit belief sich auf zwei Zehntel Sekunden; für eine Multiplikation benötigte er vier Sekunden und für eine Division zehn Sekunden. Obwohl «Mark I», verglichen mit den elektronischen Rechnern von heute, ein sehr langsamer Prototyp war, ist er die erste Verwirklichung des Traums von Babbage. Doch der beim Bau von «Mark I» eingeschlagene Weg war zu anfällig und zu teuer; das elektromechanische Bauprinzip hätte nie jenen Boom der Datenverarbeitung in der so kurzen Zeitspanne von 30 Jahren erlaubt. Um dies zu bewerkstelligen, mußte sich die Elektronik*, eine relativ junge Wissenschaft, hinzugesellen. Diese half zum Beispiel Mitte der vierziger Jahre eine Reihe von Vakuumröhren* herzustellen.

Unter dem Aufrüstungsdruck des Zweiten Weltkrieges vergab die US-amerikanische Regierung eine Reihe von Forschungsprojekten an Wissenschaftlerteams der hervorragendsten Universitäten des Landes. Als Beispiel einer solchen Forschungsaufgabe wäre die Errechnung der Laufbahn von Flugabwehrgeschossen sowie die Anfertigung von Schießtabellen zu nennen. Am 15. Februar 1946 gelang es einer Gruppe von Wissenschaftlern um die Professoren Eckert und Mauchly an der Pennsylvania University, den ersten elektronischen Rechner der Geschichte herzustellen. Sie tauften ihn «ENIAC». Der grundlegende Unterschied zwischen dem «ENIAC» und dem «Mark I» bestand darin, daß ausgenommen in- und Ausgabevorrichtungen – ersterer keiner beweglichen Teile mehr bedurfte, da die Speicher-, Rechen- und Kontrolleinheiten aus elektronischen Schaltkreisen bestanden.

Der «ENIAC» verfügte über 18 000 Röhren mit jeweils bis zu 150 Kilowatt Leistung. Dies bedingte eine ungeheure Wärmeabgabe, die mit der eines mechanischen Rechners überhaupt nicht zu vergleichen ist, und macht aus jener Inbetriebnahme des «ENIAC» ein wahres Erlebnis.

Man erzählt aus dieser Zeit, daß jedesmal, wenn der «ENIAC» angeschaltet wurde, die Lichter im Westen Philadelphias flackerten. In der Regel brannten gleich drei oder mehr Röhren des Geräts durch, die dann gefunden und ersetzt werden mußten.

Trotzdem war hiermit ein großer Schritt getan, besonders was die Rechenzeit anbelangte. Der «ENIAC» schaffte in einer Stunde das, wofür der «Mark I» eine Woche gebraucht hätte.

---

* *Siehe Begriffserklärungen Seite 120*

In seiner ursprünglichen Ausführung war der Rechner «ENIAC» nicht in der Lage, mehrere Programme auf ein anderes umzuschalten; die Ingenieure mußten einen Teil der Schaltkreise der Anlage umbauen, damit er die zur Lösung jeder spezifischen Aufgabe notwendigen Operationen durchführen konnte.

Doktor von Neumann hat diesen Mangel erkannt und Überlegungen darüber angestellt, wie ein Computer zu gestalten wäre, bei dem nicht für jedes Programm die «Innereien» des Rechners neu verdrahtet werden müssen.

Ein erster Entwurf, der diese Schwierigkeit überwinden sollte, genannt «EDVAC», mit dem an der Pennsylvania University experimentiert wurde, war durch den Austritt der Professoren Eckert und Mauchly in Verzug geraten. Diese Professoren waren ausgetreten, um ihr eigenes Unternehmen zur Herstellung und zum Vertrieb der von ihnen entwickelten Rechner zu gründen.

Die Serienfabrikation 1947 wurde die Eckert-Mauchly Computer Corporation gegründet; 1951 brachte sie den «UNIVAC I» hervor. Zwar handelte es sich bei diesem Prototyp noch um ein in Auftrag gegebenes Produkt, doch zugleich ist es die erste Entwicklung, die nicht von einer Universität, sondern von einem gewinnorientierten Unternehmen hervorgebracht wurde.

Es ist nicht unwichtig, auf diesen Tatbestand hinzuweisen, da die wirtschaftliche Bedeutung der Hersteller elektronischer Datenverarbeitungsanlagen (EDV) sich von jenem Moment an derart steigert, daß diese heute in den Ranglisten der großen Wirtschaftszweige unter den allerersten Positionen zu finden sind. Doch konnte die Herstellerfirma des «UNIVAC I» die durch die Entwicklung aufgeworfenen finanziellen Probleme nicht bewältigen, sie wurde an Sperry Rand verkauft und von ihr als eine Filiale an das bestehende Unternehmen angegliedert. Auch in diesem Unternehmen konnte der «UNIVAC I», obwohl die IBM erst 1956 mit einem in der Leistung annähernd vergleichbaren Gerät, dem 706, auf dem Markt auftrat, ihre Vorrangstellung kommerziell nicht ausbauen. Die seit den 50er Jahren erschienenen Datenverarbeiter wurden im Verlauf ihrer Entwicklung in drei Generationen eingeteilt.

Dem Begriff der *Generation* kommt eine besondere Bedeutung zu: Zwar steht er in Beziehung zu den technischen Neuerungen, die die Computer aufweisen, doch letztlich hat er einen kommerziellen Charakter.

Die Grenze zwischen der Ersten und der Zweiten Generation kann recht deutlich gezogen werden; nicht so die zwischen der Zweiten und Dritten. In der letzten Zeit erleben wir nun eine heftige Diskussion um die Frage, ob die heute her-

---

«Die Industrielle Revolution des 20. Jahrhunderts besteht letztlich in der Ersetzung der Fähigkeiten des Arbeiters durch die einer Maschine oder eines elektronischen Geräts, womit die monotone Last rein mechanischer oder verwaltungstechnischer Aufgaben überwunden werden kann.»

JOHN D. BERNAL

gestellten Rechner noch der Dritten Generation angehören, oder ob sie bereits der Vierten zuzurechnen sind. Diese begrifflichen Unstimmigkeiten sind ein Symptom für die harten und aggressiven Verkaufsmethoden der einzelnen Hersteller beim Versuch, mit ihren Anlagen den größtmöglichen Marktanteil zu erobern. Besonders in den 60er Jahren zeichnete sich der Kauf oder die Miete von Datenverarbeitern durch große Irrationalität aus; es zeigte sich ein Konsumrausch, wie er ähnlich nur auf dem Automobil- und Haushaltsgerätemarkt zu verzeichnen war.

Die Erste Generation Die Erste Generation stellt die direkte Nachfolge der an den US-amerikanischen und britischen Universitäten gebauten Prototypen dar. Diese konnten noch keinen Eingang in die moderne Welt finden, da ihre potentiellen Käufer weder technisch noch psychologisch auf ihren Einsatz vorbereitet waren. Dies erklärt auch, warum die ersten Anlagen hauptsächlich im wissenschaftlich-militärischen Bereich eingesetzt wurden. Ebenso kann festgehalten werden, daß den Herstellern bei dem Vertrieb große Fehler unterlaufen sind, da sie die Möglichkeiten eines massiven Einsatzes in Unternehmen der privaten Wirtschaft nicht berücksichtigt haben.

Unter technischen Gesichtspunkten zeichnen sich die Datenverarbeiter der Ersten Generation durch die Verwendung von Vakuumröhren aus; diese wurden später durch die transistorisierten Elemente ersetzt.

Unten: Die Bedienerkonsole ist ein Bestandteil der Zentraleinheit. Von hier aus können Prozesse (z. B. das Einlesen von Lochkarten) gestartet werden.

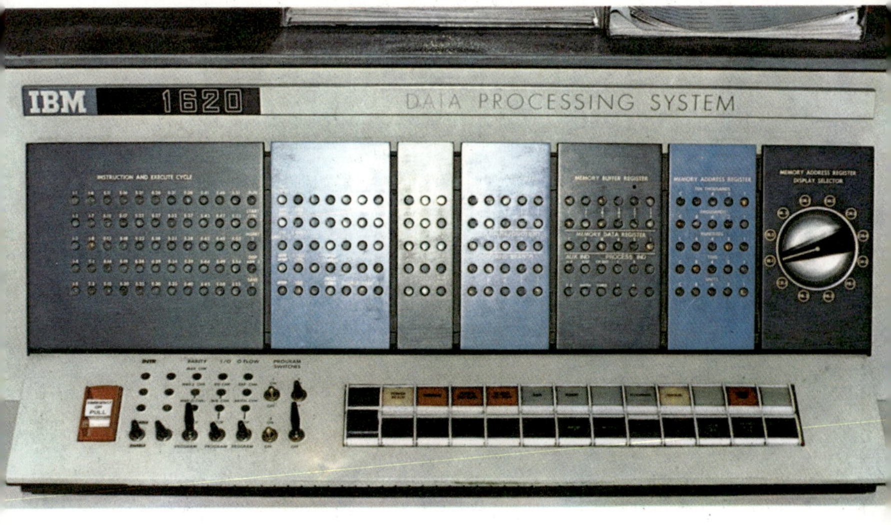

Die bekanntesten Rechner dieser Generation waren der bereits angeführte «UNIVAC I» der Sperry Rand Unternehmensgruppe und die Serien 600 und 700 der IBM.

Die Zweite Generation In den 50er Jahren begann die Zukunft der Datenverarbeitung festere Umrisse zu bekommen, und die großen US-Unternehmen begannen Vertrauen in die kommerzielle Zukunft des neuen wirtschaftlichen Bereiches der Informatik zu gewinnen. Hieraus leitete sich die Notwendigkeit erhöhter Investitionen im Bereich der Forschung und Entwicklung neuer Technologien und dem Aufbau der Serienfertigung ab.

Die Entdeckung des *Transistors** als Ersatz für die Röhre stellte eine Revolution in der Datenverarbeitungstechnik dar, da es mit seiner Hilfe möglich wurde, die Leistung und Geschwindigkeit der alten Datenverarbeiter der Ersten Generation enorm zu steigern.

Gerade der Einsatz des Transistors als Bauelement unterscheidet die Datenverarbeiter der Zweiten Generation von denen der Ersten.

Von diesem Zeitpunkt an beginnt der Rechner, sich in der Geschäftswelt durchzusetzen; den ersten großen geschäftlichen Erfolg verzeichnete die IBM,

Oben: Der Blick in einen Kernspeicher mit der Bedienerkonsole, links: ein kleinerer Ausschnitt. Speichermedien eines Kernspeichers sind Ferritkerne, Ringe aus zusammengeschmolzenem Metallpulver von etwa $^1/_2$ mm Durchmesser, die dicht an dicht auf einem Drahtgitter angebracht sind (s. Abb. S. 36).

als sie mehr als 10 000 Einheiten ihrer Rechner der Serie 1400 auf den Markt bringen konnte. Unter den Geräten dieser Zweiten Generation sei hier auf die Serien 1400 und 1700 der IBM, 1107 der Sperry Rand und 3600 der CDC hingewiesen.

Die Dritte Generation Die Grenze zwischen der Zweiten und der Dritten Generation zu ziehen, ist schwierig. Einige technische Neuerungen sind eingegangen, vor allem bezüglich der Verwendung *integrierter Schaltkreise** ; doch es gibt keine solch revolutionären Unterschiede mehr wie vorher die Ersetzung der Röhren durch Transistoren. Es ist richtig, daß mit der Verwendung der integrierten Schaltkreise die Rechengeschwindigkeiten gesteigert, eine höhere Leistung erbracht und größere Einsatzflexibilität erreicht werden konnte. Doch Verbesserungen dieser Art können auch bei anderen modernen Rechnern nachgewiesen werden, die weiterhin auf den Einsatz der integrierten Schaltkreise verzichten.

Über alle begrifflichen Abgrenzungsschwierigkeiten hinweg können wir jedoch als allgemeines Unterscheidungskriterium zwischen diesen beiden Generationen höhere Verarbeitungsgeschwindigkeit und größere Einsatzflexibilität und Leistungsfähigkeit der Dritten Generation annehmen, ohne uns jedoch auf spezifische Grenzwerte einzulassen.

Doch wahrscheinlich liegt der charakteristischste Zug dieser neuen Generation in der umfangreichen Entwicklung an *Software**. Hierunter ist die Vielzahl von Techniken und Sprachen zu verstehen, die zur leichteren Bedienung aller Funktionen der Geräte entwickelt worden sind. Der Gegenbegriff ist *Hardware**.

Ist man in der Lage, von einer entwickelten Software auszugehen, stellt die Aufgabe des Programmierens keine großen Anforderungen mehr; die heutigen Tendenzen zielen darauf ab, die Programmiersprachen, die dazu dienen, den Rechnern Anweisungen zu geben, soweit wie möglich der Umgangssprache anzugleichen.

Der «Star» unter den Rechnern der Dritten Generation war wieder eine Serie der IBM, die 360. Erst das Erscheinungsbild der 360 hat das breite Publikum mit den Datenverarbeitern bekannt gemacht, und sowohl die 360 als auch ihre Nachfolger, die 370er Serie, beherrschen weitgehend den Weltmarkt.

Zu diesem Zeitpunkt gab es nicht nur US-amerikanische Hersteller, unter den übrigen müssen folgende hervorgehoben werden: die deutsche Siemens, die CII aus Frankreich, die Fujitsu aus Japan und die RIAD aus der Sowjetunion. Einen Sonderfall stellt die englische Firma ICL dar, die ausschließlich Datenverarbeiter der Ersten Generation für den britischen Markt herstellt. Außer der 360er Serie der IBM müssen unter den US-amerikanischen Modellen die Spectra 70 der RCA, die 600er Serie der General Electric, die 200 der Honeywell Bull und die UNIVAC 1108 sowie die 6600 der CDC hervorgehoben werden.

Digitalrechner Die bisher dargestellten Rechner werden *Digitalrechner* genannt, Rechner, die Daten und Informationen in Ziffern darstellen. Sie stellen den Großteil der international eingesetzten Rechner dar. Dennoch gilt es auch auf die Analogrechner hinzuweisen, in denen die Größen im Gegensatz zu ersteren stetig variieren.

Analogrechner Der *Analogrechner* setzt Schaltkreise und elektrische Größen ein, die per Analogie die verschiedensten physischen Phänomene simulieren. Er besitzt eine Schalttafel, die dem Schaltbild in den handvermittelten Telefonzentralen ähnelt: sie verfügt über mehrere hundert Steckbuchsen, die an die Ein- und Ausgänge der elektrischen Vorrichtungen, die den Datenverarbeiter ausmachen, angeschlossen werden (wie Verstärker, Potentiometer, Übertragungsmechanismen).

Hybridrechner Während die Digitalrechner sequenziell funktionieren, das heißt eine Anweisung nach der anderen ausführen, operiert der Analogrechner

Konsole oder Schalttafel eines Analogrechners, in dem Zahlen durch physikalische Meßwerte dargestellt werden: für jede Zahl steht genau eine physikalische Größe, eine bestimmte Länge, ein Winkel oder eine Spannung.

seine Anweisungen simultan, also gleichzeitig, so daß er die ihm gestellten Aufgaben sehr viel schneller lösen kann. Doch er hat einen großen Nachteil aufzuweisen: bei seinem Einsatz können bis zu 1 % Fehler entstehen, was seine Verwendung in Aufgabenbereichen, die 100 % Präzision verlangen, verbietet. Mit dem Ziel, die Vorteile beider Rechnertypen zu verbinden, hat man für spezifische Probleme sogenannte *Hybridrechner* gebaut. Sie arbeiten in den Bereichen, die keine Fehler erlauben, im Digitalsystem und in anderen Bereichen des gleichen Komplexes, die eine Fehlerquote von bis zu 1 % verkraften können, analog, damit der Geschwindigkeitsvorteil genutzt werden kann.

Eines der Einsatzgebiete dieser Rechner ist die Berechnung der Laufbahnen von Mondraketen.

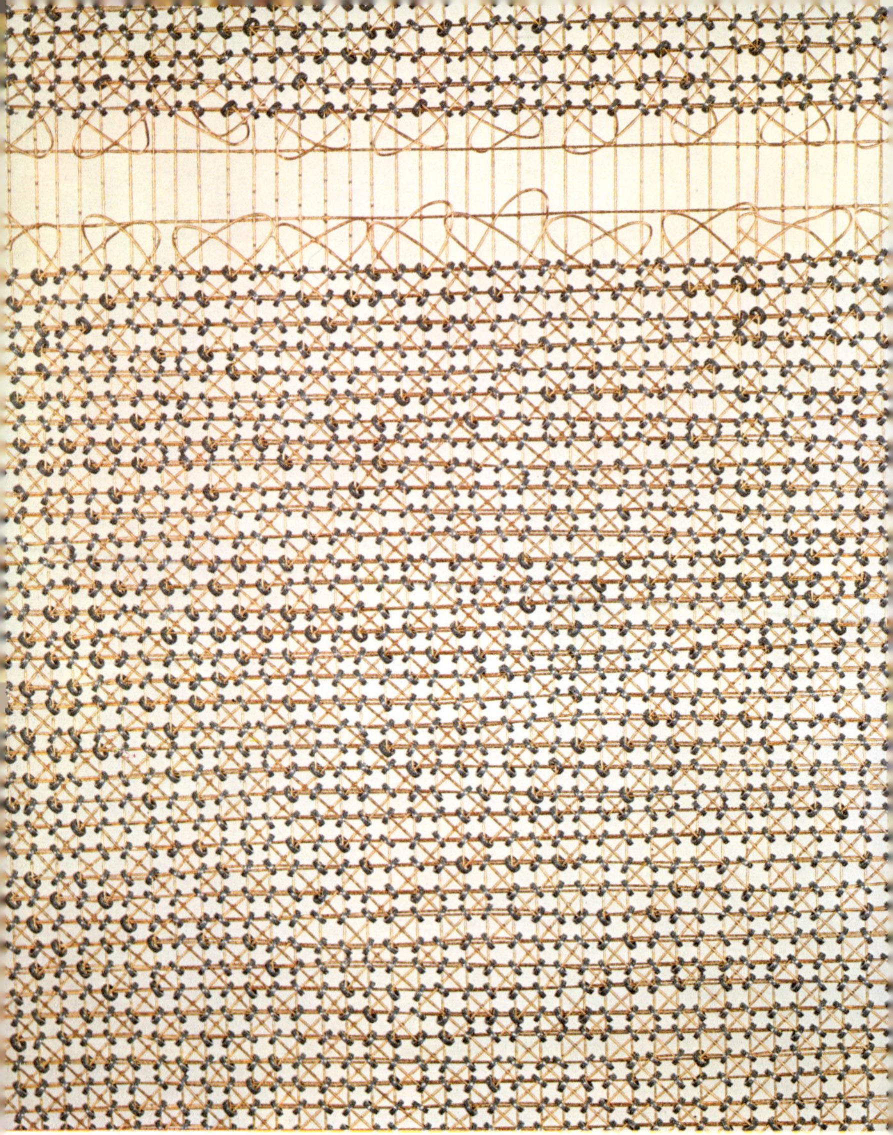

Wie in einem Koordinatensystem jeden Punkt, so kann man in einem Kernspeicher über einen senkrechten und einen waagerechten Draht jeden einzelnen Ferritkern (s. Abb. S. 33) mit einem elektrischen Impuls erreichen und ihn so entweder in die eine (0) oder andere Richtung (1) magnetisieren. Position und Magnetisierung eines solchen Ringes im Verhältnis zu dem Zustand der übrigen Ringe sind die bleibenden (gespeicherten) Symbole für Daten: bestimmte Ziffern, Buchstaben oder Sonderzeichen.

Funktionsweise einer EDV-Anlage

Die Grundeinteilung Wir haben im Verlauf der bisherigen Ausführungen zu den Rechnern unseres Jahrhunderts die Begriffe «Computer» und «Datenverarbeiter» synonym gesetzt. Dies findet darin seine Begründung, daß der Begriff Datenverarbeitung gerade die Hauptfunktion eines «Computers» definiert: die Prozessierung, Manipulation, Umordnung und Neuerarbeitung von Informationseinheiten.

Bisher bezogen wir uns dabei auf die Entwicklung der Anlagen insgesamt. Im folgenden wollen wir uns nun den einzelnen Bestandteilen und deren Funktionen zuwenden.

Grundsätzlich gibt es in jeder Maschine, die Datenverarbeitungsaufgaben durchführt, zwei Bereiche:

Zum einen die *Zentraleinheit* (central processing unit), die sich wiederum in einen oder mehrere Speicher, die logisch-arithmetische Prozeßeinheit und die Kontrolleinheit untergliedert, und zum anderen die *Peripherieeinheiten*, deren Funktion darin besteht, erstere mit dem Außen zu verbinden, das heißt die Daten von den Datenträgern an die Zentraleinheit zu vermitteln und umgekehrt.

Jemand, der ein Buch liest und ein Kapitel daraus zusammenfassen will, handelt gewissermaßen wie eine Datenverarbeitungsanlage, und man kann, wie im nebenstehenden Diagramm aufgezeigt, die gleichen Vorrichtungen wie bei einem Computer unterscheiden. Die Datenträger sind zum einen das Buch als Eingabe und zum anderen das Blatt, auf dem die Zusammenfassung geschrieben wird, als Ausgabe. Die Augen agieren als Peripherieeinheit (sie lesen das Kapitel und vermitteln die dort aufgenommenen Daten an die Zentraleinheit), und die aus Arm, Hand und Bleistift bestehende Einheit fungiert als Peripherie der Ausgabe, die die im Verarbeitungsprozeß gewonnenen Daten wiederum an die Außenwelt vermittelt, indem sie die Zusammenfassung schreibt.

Die Zentralkomponente des gesamten Systems ist das Gehirn, das zugleich als Speicher (Gedächtniszone des Gehirns), logisch-arithmetische Prozeßeinheit (Verständniszone des Gehirns) und als Kontrolleinheit (jene Zone des Gehirns, die Anweisungen an die Muskeln gibt) dient.

In der Analogie spricht man von Gehirn (Zentraleinheit) als *Speicher-* und *Prozeßeinheit*, wobei man unter letzterem Begriff die Zusammenfassung der arithmetisch-logischen Einheit und der Kontrolleinheit versteht.

Bei dem von uns behandelten Beispiel handelt es sich um einen Prozeß der Datenverarbeitung: Die Inhalte des Datenträgers «Buch» sind uns durch Konventionen, die wir in unserer Kindheit gelernt haben, verständlich; die in der Sprache des Lesenden gedruckten Wörter bilden die Codes*, mit denen Auge und Gehirn die Daten erfassen können. Auf ähnliche Weise werden die dem Kapitel entnommenen Gedanken mittels eines bestehenden Codes (das geschriebene Wort)

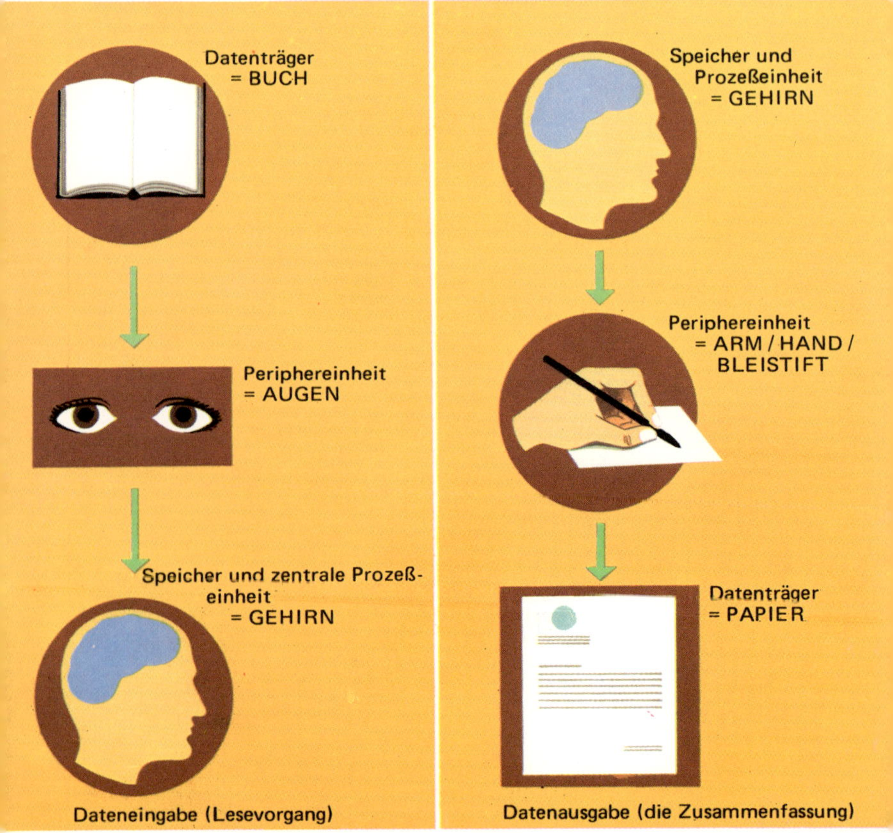

Die Aufgabe, die Zusammenfassung eines Buches zu erstellen, dient hier als Beispiel für den Aufbau einer Computeranlage.

auf das Papier gebracht. Nichts verhindert indes den Einsatz anderer Codifizierungen, so zum Beispiel eine dem Lesenden fremde Sprache. Wir sehen, wie die Codes, durch die Daten an die Maschine vermittelt werden und diese wiederum Daten nach außen vermittelt, ein integraler Bestandteil der Anlage sind.

Die Computer sind die besten Beispiele für Datenverarbeiter. Wie im angeführten Beispiel können wir bei ihnen ebenfalls die vorhin differenzierten Elemente nachweisen:

a) Periphere Ein- und Ausgabeeinheiten, die bestimmte Datenträger ablesen oder ausschreiben,

b) der Speicher (memory) und die Zentrale Prozeßeinheit, bestehend aus der arithmetisch-logischen Einheit und der Kontrolleinheit,
c) eine Verschlüsselung (Code), die diesen Einheiten angepaßt ist.

Bei der Darstellung der einzelnen Bestandteile wollen wir uns an diese Reihenfolge halten.

Datenträger und Peripherieeinheiten:

Lochkarten Die Lochkarte ist die älteste unter den eingesetzten Datenträgern. Die heute eingesetzten Karten bestehen aus 80 Spalten. Jede von ihnen kann ein Zeichen (Ziffer, Buchstabe oder Sonderzeichen) in sich aufnehmen.

Schema eines Lochkartenlesers und eines Schnelldruckers – Ein- und Ausgabeeinheit – in einem.

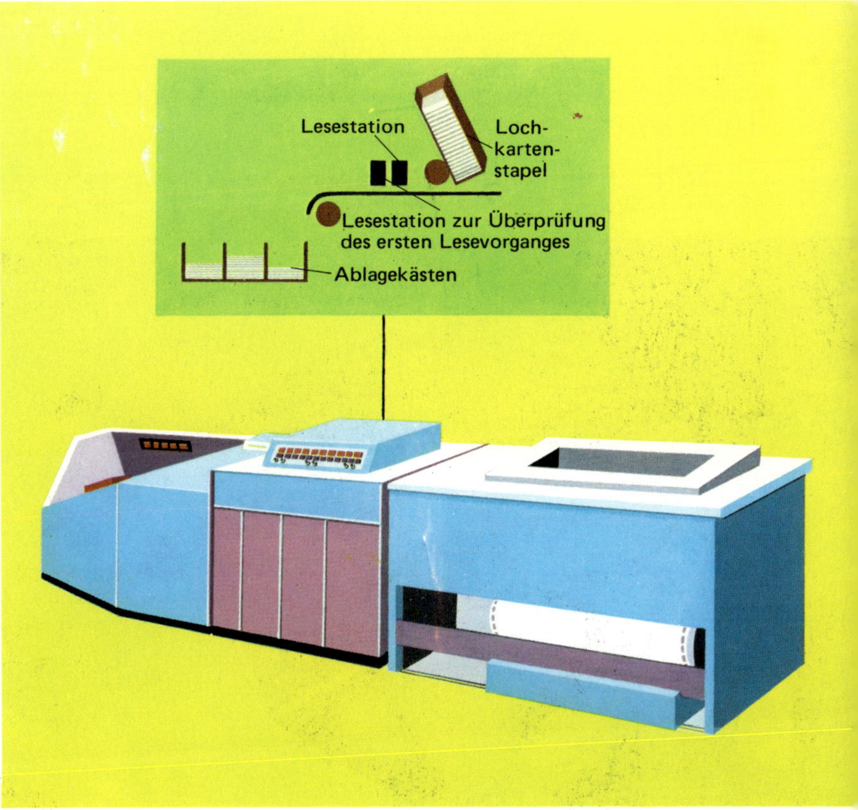

Jede Spalte verfügt über 12 numerierte Zeilenkästen, in die ein kleines Loch gestanzt werden kann. Jede Kombination von gelochten und nicht gelochten Zeilenkästchen einer Spalte bietet Raum zur Aufnahme eines Symbols. So wird zum Beispiel die Ziffer 8 durch eine Lochung im achten Kästchen, gezählt von oben nach unten, dargestellt; der Buchstabe A durch Lochung im ersten und elften Zeilenkästchen.

Die diesem System zugeordnete periphere Eingabeeinheit ist das *Lochkartenlesegerät.* In ihm wird jede Lochkarte über einen Ablesekopf geführt, der aus 80 fotoelektrischen Zellen besteht; diese überprüfen das Vorhandensein oder Fehlen einer Lochung und übermitteln dem Computer die gelesenen codifizierten Zeichen. Für den Fall, daß der Computer die Ergebnisse seiner Datenverarbeitungstätigkeit ebenfalls über Lochkarten nach außen weitergibt, wäre die periphere Ausgabeeinheit ein Lochkartenstanzer.

Beide der genannten Peripherieeinheiten sind in der Lage, 200 bis 1500 Karten pro Minute zu verarbeiten. Es handelt sich damit um sehr langsam arbeitende Vorrichtungen, die darüber hinaus relativ wenig Variationsmöglichkeiten bieten. Ihr ständiger Einsatz rechtfertigt sich durch die niedrigen Kosten und die einfache Handhabung. Wenige «Locher» können für die gesamte Datenerfassung eines großen Unternehmens ausreichen.

Lochstreifen Diese auch schon fast alte Form von Datenträger ist weniger verbreitet. Er besteht aus einem durchgehenden Papierstreifen, auf dem Lo-

Links und oben: Über eine Buchstabentastatur wird unsere Schriftsprache in den Kartenlocher (Erfassungsgerät) eingegeben und so in maschinenlesbare Daten (Lochschrift) übersetzt. Im Eingabegerät (Kartenleser) erfolgt dann eine 2. Umwandlung der Daten in eine rechnerinterne Darstellungsform.

chungen derart vorgenommen werden, daß jeweils senkrecht ein Symbol dargestellt wird. Die entsprechenden Peripherieeinheiten sind der Lochstreifenleser und der Lochstreifenstanzer, die auf eine den oben beschriebenen Vorrichtungen der Lochkarte sehr ähnlichen Weise funktionieren.

Drucker Er stellt die auffälligste Peripherieeinheit einer Datenverarbeitungsanlage dar. Er druckt direkt auf Papier und in Umgangssprache, so daß die von ihm ausgegebenen Informationen lesbar sind. Heutzutage werden die Licht- oder Wasserrechnungen, die Quittungen oder Warenauszeichnungen oft durch den Einsatz von Druckern erstellt. Diese Peripherieelemente können zwischen 200 und 2000 Zeilen von mehr als 100 Anschlägen pro Minute mit dem Einsatz recht eigenartig anmutender Techniken drucken. Die gewöhnlichste Drucktechnik ist die einer Kette, die alle Typen der verwendeten Symbole enthält und mit großer Geschwindigkeit vor dem Papier läuft. Wenn die gedruckte Type in der

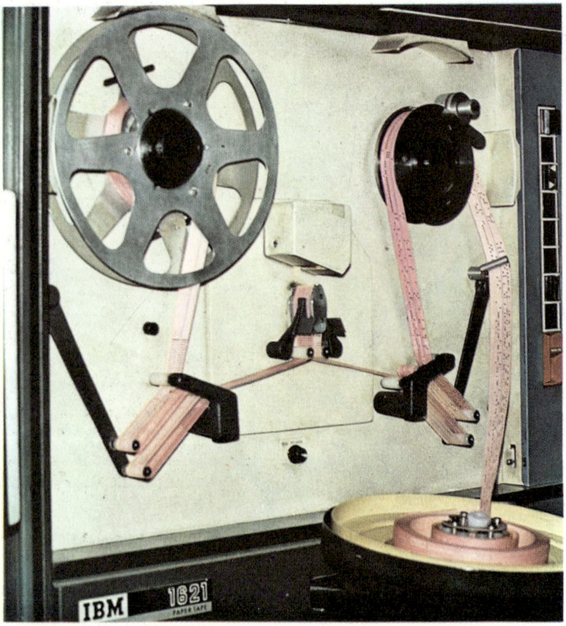

Oben: Das Lochstreifenlesegerät ist als Eingabegerät direkt an den Rechner bzw. die Zentraleinheit angeschlossen, es gehört zur «Online-Peripherie». (Die Datenerfassungsgeräte sind vom Rechner unabhängig; sie können dort aufgestellt werden, wo «Urbelege» – hand- oder maschinenbeschriftetes, gestempeltes oder bedrucktes Papier – anfallen und gehören zur «Off-line-Peripherie».)
Unten: Ein Ausgabegerät einer EDV-Anlage (ebenfalls «Online») ist der Drucker, er heißt auch Schnelldrucker. Es ist ein mechanisches, vom Computer selbst betriebenes Gerät, das bearbeitete Daten für uns lesbar ausdruckt: zum Beispiel Bestandslisten, Lohnabrechnungen, Lieferscheine und Rechnungen, Kontoauszüge, wissenschaftliche Vergleichswerte oder Adressenlisten.

Auf der Abbildung rechts sind Ein- und Ausgabegerät der Zentraleinheit in einer Lese-Stanz-Einheit zusammengefaßt. Rechts wird die Lochschrift der Lochkarten eingelesen, links stanzt der Computer gewünschte Daten – ebenfalls in Lochschrift, die für den Menschen noch «übersetzt» werden muß – in einen Lochstreifen.

richtigen Position vor dem Papier vorbeiläuft, schlägt eine Hammervorrichtung die Type auf das Papier.

Schreibmaschine Mit einer dem oben beschriebenen Drucker ähnlichen Funktion muß die altbekannte Schreibmaschine, die direkt vom Computer betrieben wird, erwähnt werden. Ihre geringe Geschwindigkeit, zum Teil durch ihre einfache Technik kompensiert, führt dazu, daß sie nur zur Übermittlung von Kontrollanweisungen an den oder vom Computer oder zum Ausdrucken von solchen Informationen verwendet wird, bei denen es auf hohe Geschwindigkeit nicht ankommt.

Bildschirm Diese Einrichtung ist ein Kathodenstrahlenbildschirm, ähnlich dem uns vom Fernseher her bekannten, und eine Tastatur- und Anweisungsübermittlung. Sie wird in der Regel nur im Rahmen der langsamen Kommunikation zwischen dem Computer und dem Menschen verwendet; ihre Einsatzbereiche werden jedoch immer breiter.

Magnetband Mit diesem Datenträger beginnt unter technologischen Gesichtspunkten wie unter dem Aspekt der Geschwindigkeit der Einsatz von sehr

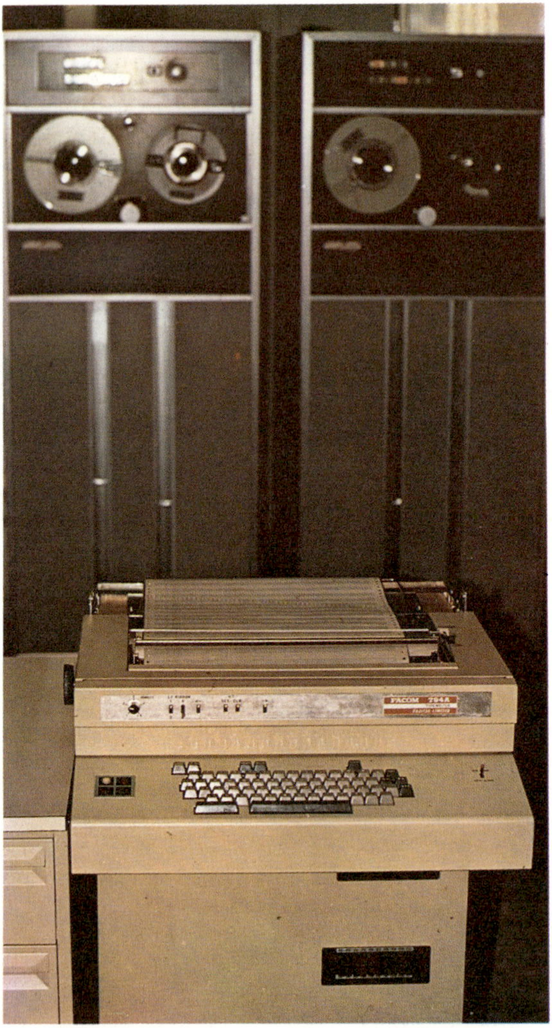

Die Schreibmaschinenkonsole links ist der Vorläufer der modernen Bildschirmkonsole, über die ein Protokoll der Arbeiten im Computer erstellt werden kann und mit deren Hilfe eine Kommunikation, richtige Dialoge zwischen Bediener und Computer, stattfinden kann. Rechts: Ein Programm für Computer-Kunst zu erstellen, ist eine außerordentlich große Fleißarbeit. Um die Rasterpunkte dieses «Gemäldes» zu bekommen, mußte an vielen Stellen mehrfach gedruckt werden.

effektiven Vorrichtungen. Bisher war hier von Peripherieeinheiten und Datenträgern die Rede, die eines großen mechanischen Anhangs bedurften. Jetzt werden Technologien beschrieben, die hauptsächlich elektronischen Charakter haben. Das Magnetband ist ein Datenträger, der Tonbändern sehr ähnelt. Jedes eingegebene Zeichen hat einen bestimmten Ort auf dem Band. Im Grundsätzlichen ist eine Ähnlichkeit mit dem Lochstreifen gegeben, doch im Unterschied zu

diesem wird hier nicht mit Lochungen, sondern mit Magnetzeichen gearbeitet. Das Peripherieelement, das diese Bänder bearbeitet, wird in der Regel Magnetbandgerät genannt, und es beinhaltet sowohl Schreib- wie Leseköpfe.

Die Vorteile des Magnetbandes sind beachtlich: es ist 20 bis 50 mal schneller als der Lochkartenleser und kann die gleiche Information auf viel weniger Raum aufnehmen: Eine Rolle von 20 cm Durchmesser und einer Breite von 3 cm kann

Die Eingabe und Erfassung von Daten erfolgt heute schon fast überall ohne Zwischenträger direkt an den Speicher einer EDV-Anlage. Die Datentypistin kann Tippfehler und logische Unstimmigkeiten mit Hilfe des Bildschirms überprüfen, bevor sie durch einen Knopfdruck die Eingabe in Gang setzt.

an die zehn Millionen Symbole aufnehmen. Hierfür bräuchte man 125 000 Lochkarten.

Magnettrommel Das Magnetband hat den großen Nachteil, daß vor einer bestimmten Information erst alle voranstehenden gelesen werden müssen. Diese Schwierigkeit versuchte man mit dem Magnettrommelspeicher zu überwinden. Dieses Peripherieelement besteht aus einem Zylinder, der mit einer magnetisierbaren Schicht belegt ist und sich ständig vor einer Reihe von Lese- und Aufnahmeköpfen dreht, von denen jeder eine Piste des Zylinders abliest. Hierdurch wird eine höhere Lesegeschwindigkeit erreicht.

Magnetplatten Die niedrige Speicherungsmöglichkeit der Trommel (10 000 bis 100 000 Symbole) führte zur Entwicklung der Magnetplatten. Sie weist in ihrer Arbeitsweise Ähnlichkeiten mit der Langspielplatte auf; im Unterschied zu dieser haben sie jedoch statt einer langen spiralförmigen Rille viele nacheinander geordnete Pisten. Jede Platteneinheit besteht aus fünf oder mehr aufeinandergestapelten Platten, und jede einzelne Platte ist mit ihrem Lese- und Aufnahmekopf ausgestattet: dieser wird an einem Trägerarm bis auf die gewünschte Piste geführt. Die Speichermöglichkeit einer Platte ist um 20 bis 150 mal größer als die einer Trommel. Dafür hat sie den Nachteil einer geringeren Lesegeschwindigkeit.

All die genannten magnetischen Einheiten agieren als Ein- und Ausgabe-Peri-

Das Bild rechts gibt einen Einblick in die noch relativ aufwendige Technik einer EDV-Anlage der 2. Computergeneration (1955–1962), in der die Röhre als Steuer- und Schaltelement für die Elektronik von Transistoren abgelöst worden war.

TENSIONS
DANGEREUSES

Eine Magnetbandeinheit wie auf Abb. S. 6. Die in einem Externen Speicher gesammelten Daten können je nach Datenträger unterschiedlich schnell «erreicht» werden. Die Zugriffsart bei einem Band nennt man seriell oder sequentiell, da die Daten hintereinander liegen und «gesucht» werden müssen.

pherieeinheiten, doch können sie auch als Hilfsspeicher für den Computer eingesetzt werden, das heißt als solche Einheiten, in die der Computer Zwischendaten speichern kann, die nicht an die Ausgabegeräte weitervermittelt werden.

Andere Peripherieeinheiten Der größte Teil der Datenträger und Peripherieeinheiten – besonders solche, die nicht zugleich als Hilfsspeicher eingesetzt werden können – handhaben Daten mit einer relativ niedrigen Geschwindigkeit.

Stellen wir uns zum Beispiel einen Prozeß vor, in dem einem Kunden Ware in Rechnung gestellt werden soll. Der Prozeßablauf einer elektronischen Datenverarbeitungsanlage wäre der folgende: Mittels Lochkarten werden dem Computer Art und Umfang der Käufe des Kunden und die Preise der Wareneinheiten mitgeteilt; zusammen mit den auf einer Magnetplatte gespeicherten Informationen über den Kunden (Kundennummer, Adresse oder besondere Skonti) werden diese Daten dem Drucker vermittelt, der die Rechnung ausschreibt.

Stellen wir uns darüber hinaus vor, daß regelmäßig die Zahlungsmoral des Kunden überprüft werden soll. Hierfür muß, sobald der Kunde seine Rechnung

Mit Hilfe einer «Magnetbandbibliothek» kann ein Unternehmen oder eine Forschungsstelle mit einem verschwindend geringen Zeitaufwand auf theoretisch unbegrenzt viele Informationen zurückgreifen.

beglichen hat, diese Information dem Computer mitgeteilt werden. Hierfür muß entweder das Rechnungsformular entsprechend gekennzeichnet und nochmals eingegeben werden oder eine weitere Lochkarte gestanzt werden, die in der Kundenkartei den eingegangenen Betrag vermerkt. Beide Vorgänge stellen jedoch potentielle Fehlerquellen dar. Dieses Beispiel zeigt uns, wie man auf die Notwendigkeit gestoßen ist, über Peripherieeinheiten zu verfügen, die in der Lage sind, Informationen direkt von den fraglichen Formularen, in unserem Fall der quittierten Rechnung, ablesen zu können.

Auf dieser Entwicklungslinie stehen der *Optische Zeichenleser*, der Bleistifteintragungen «verstehen» und an die Zentraleinheit in «ihrer» Sprache weitergeben kann, und der *Optische Typenleser*, der die Typen eines Spezialdruckers auf einem Dokument lesen kann.

Auf der gleichen Linie finden wir die Magnetisierten Zeichen, die heute sehr oft in der Abwicklung von Bankgeschäften verwendet werden. Es handelt sich hierbei um direkt lesbare Zeichen, die mit einer besonderen Tinte aufgedruckt werden, und von magnetischen Detektoren erfaßt werden können.

In dem Schema links bilden 6 Magnetplatten eine Magnetplatteneinheit – diese Einheit ist ein Externer Speicher für Daten, die nicht dauernd in der Zentraleinheit gespeichert sind, sondern über die Leseköpfe des Magnetplattenlesers (darunter und auf der rechten Seite) in den Rechner gelangen – und, ausgewertet, mit Hilfe der Schreibköpfe des Lese-Schreibgeräts ausgegeben werden können. Der Zugriff zu den Daten auf einer Platte erfolgt direkt, da die Leseköpfe jede beliebige Stelle sofort abtasten können, ohne an Daten, die unberücksichtigt bleiben sollen, vorbeigehen zu müssen.

Aus den angeführten Entwicklungstendenzen bei den Peripherieeinheiten läßt sich eine klare Richtung ersehen: Ziel ist es, Zwischenschritte zu vermeiden, die außer einem beträchtlichen Kostenfaktor stets Fehlerquellen darstellen können. Ideal wären Vorrichtungen, die handgeschriebene Dokumente oder sogar mündlich übermittelte Daten umsetzen und weitergeben könnten.

Speicher (memory) Die Speicherung von Daten und Anweisungen erfüllt eine grundlegende Funktion im Computer. Es gibt verschiedene Speichertechniken.

Die «Klassiker» sind die *Ferritkernspeicher.*

Es sind kleine Ringe, die von einem elektrisierbaren Faden durchzogen werden und die Eigenschaft besitzen, in eine bestimmte Richtung magnetisiert zu werden, wenn durch den Draht Strom in eine Richtung geleitet wird, und in die andere, wenn der Strom in die Gegenrichtung fließt. Ein Satz von feinen Drähten wird dazu verwendet, die Ringe zu aktivieren, ein anderer um ihren Magnetisierungszustand abzulesen. Beide magnetischen Zustände sind so entgegengesetzt

wie JA und NEIN oder wie 1 (Strom) und 0 (kein Strom). Der Code des Zentralen Speichers gründet sich auf dieses Verhältnis: jeder Magnetkern enthält entweder eine 1 oder eine 0, eine andere Möglichkeit gibt es nicht.

Jedes Zeichen wird durch die Zusammenfassung von manchmal je sechs, meistens jedoch acht Ringen (je nach dem Computer), die zusammen ein sogenanntes *Bit* (kleinste physikalische Informationseinheit) bilden, dargestellt. Dieses Gesamt kann an eine Gruppe von Birnchen angeschlossen werden: je nach den Lichtzeichen, die sie von sich geben, erhält man das eine oder andere Zeichen. Es handelt sich um einen *binären Code,* einen Code, der auf der Basis ZWEI operiert und zu unterscheiden ist von unserem gebräuchlichen Zahlensystem, das auf der Zehnerbasis operiert.

Die Methode zur Umrechnung von einer Basis auf die andere ist relativ einfach. Um eine beliebige Zahl des Dezimalsystems (*Dezimalzahlen,* Basis 10) auf die Basis 2 (*Dualzahlen*) umzurechnen, bedient man sich einer Reihe von Divisionen der gegebenen Zahl durch 2. Die sich bei diesen Divisionen ergebenden Reste werden, von dem Rest der letzten Division ausgehend, niedergeschrieben

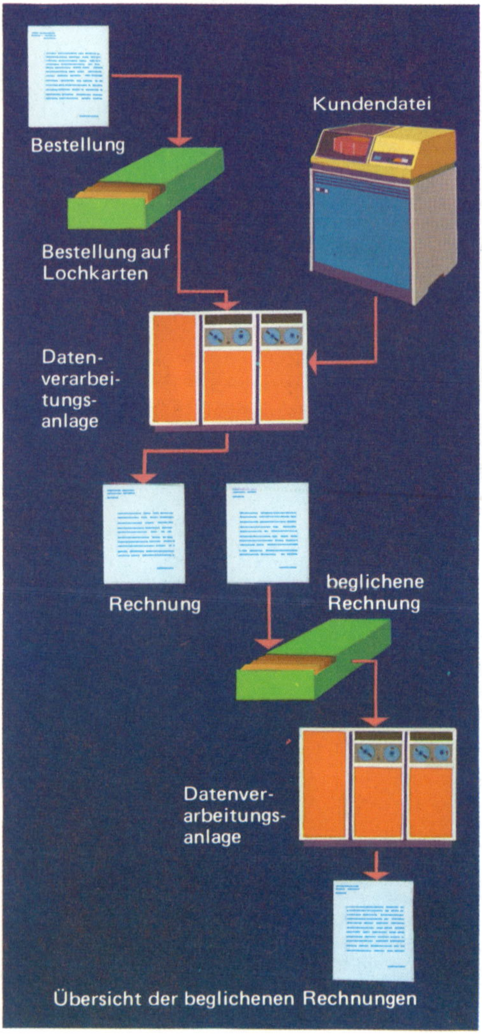

Das Schema links zeigt den Einsatz einer elektronischen Datenverarbeitungsanlage in der Verkaufsabwicklung vom Bestellungseingang bis zur Rechnungserstellung und Überprüfung. Rechts: Die «Bediener» einer EDV-Anlage, Programmierer und Operatoren, kennen die logischen Funktionen programmierter Rechenweise sehr genau, über den mechanischen Aufbau so einer Anlage mit ihrem gewaltigen technischen Aufwand brauchen sie jedoch in den meisten Fällen kaum Bescheid zu wissen, denn Konstruktion und Wartung liegen ganz bei den großen Herstellerfirmen.

und stellen die Zahl im binären Code dar. Die Zahl 214 zum Beispiel wird im binären System als 11010110 dargestellt (siehe Schaubild). Im Computer werden diese 8 Ziffern ebenso vielen Ferritkernspeichern entsprechen und somit magnetisch die Zahl darstellen, die im Zehnersystem als 214 zu bezeichnen ist.

Die höchste Zahl, die in unserem Bit-System dargestellt werden kann, ist 255. Daher werden Gruppen von 32–36 Bits verwendet, womit die Möglichkeit der

Zahlendarstellung erheblich erweitert wird.

In bezug auf andere Zeichen als Zahlen wird ein besonderer Code eingeführt; so wird zum Beispiel der Buchstabe A im Binärsystem als 11000001 dargestellt. Natürlich kann dieses auch eine Zahl darstellen, und zwar die 193: der Computer wird die richtige Interpretation nach den ihm eingegebenen Anweisungen vornehmen.

IBM
370

Im Zentralspeicher liegen außer den oben dargestellten Daten die Anweisungen der Schritte, die ausgeführt werden müssen. Auch diese sind im binären Code aufgezeichnet.

Die arithmetisch-logische Einheit Diese Einheit ist verantwortlich für die Durchführung der in den Anweisungen enthaltenen Prozesse. Die elektronischen Schaltkreise, aus denen sie sich zusammensetzen, sind in der Lage, nur eine geringe Anzahl von Grundanweisungen auszuführen. Die Durchführung komplizierter Operationen ist dennoch allein auf der Grundlage einer umfangreichen Nutzung der Kombinationsmöglichkeit dieser Grundanweisungen möglich, deren Anzahl zwischen 20 und 120 schwankt. Sie können folgendermaßen gegliedert werden:

a) *Übertragungsbefehle* sind zum Beispiel Abschriftanweisungen = Lese eine bestimmte Zone des zentralen Speichers und reproduziere sie an einem anderen Ort.
b) *Arithmetische Rechenbefehle* für die Grundrechnungsarten Addieren, Subtrahieren, Multiplizieren oder Dividieren.

Linke Seite, oben: In einem alten großen Lochsaal werden die Daten täglich anfallender Belege in Karten gestanzt, darunter: Zentraleinheit mit Bedienerkonsole der Firma IBM, die seit den 30er Jahren den EDV-Markt beherrscht. Unten: Umrechnung der Dezimal zahl 214 ins Dualsystem.

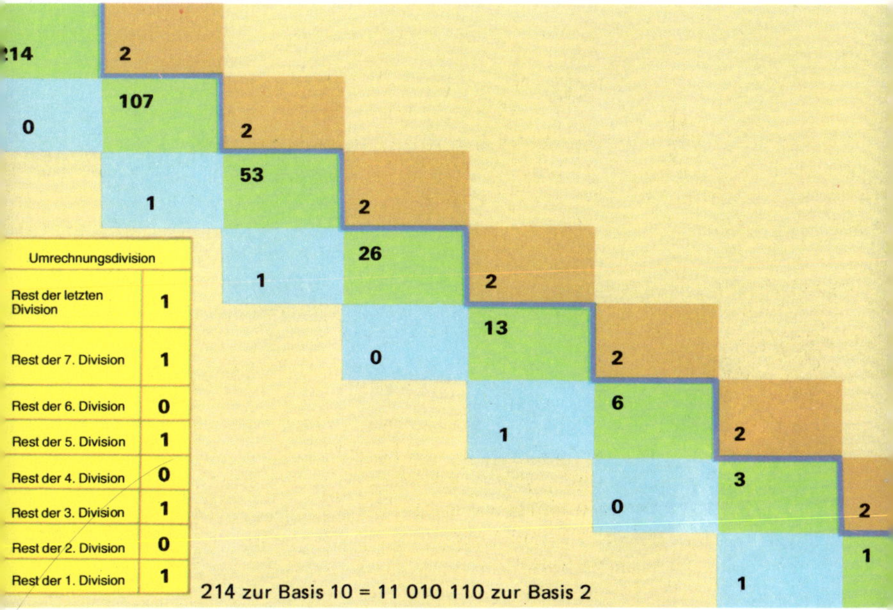

c) *Steuerbefehle* sind zum Beispiel Anweisungen zur Durchführung logischer Operationen = Vergleiche die Inhalte zweier Zonen des Speichers oder Sprünge von der Durchführung einer Gruppe von Anweisungen auf eine andere.
d) *Befehle für periphere Geräte* = Anweisungen, die eine Verbindung zwischen den Zentral- und den Peripherieeinheiten (wie Leser oder Schreiber) herstellen oder andere Funktionen übernehmen.

Die gesamte Datenverarbeitungsanlage Eine durchschnittliche Datenverarbeitungsanlage wird aus folgenden Elementen bestehen:
a) Eine Speicher- und Prozeßeinheit, die einer Schreibmaschine angeschlossen wird, mit der Anweisungen zu empfangen und zu erteilen sind.
b) Peripherieelemente, wie ein Lochkartenleser/stanzer, ein Drucker, 4 Magnetbandschränke und eine Magnetplatteneinheit. Eventuell können darüber hinaus Magnettrommeln, mehr Platten oder Bänder, je nach den spezifischen Notwendigkeiten der Anlage eingesetzt werden. Die gesamte Anlage wird sich in einem Raum befinden. Es besteht jedoch auch die Möglichkeit, einen Computer an verschiedene, örtlich getrennte *Terminals* (Ein- und Ausgabeeinheit einer EDV-Anlage) anzuschließen. Dies sind kleine Anlagen, die per Telefonleitung mit einem zentralen Computer verbunden sind. Auf diese Weise müssen die Daten nicht bis zum Raum des Computers geschafft werden, sondern sie können vom Ort aus, an dem sie anfallen, an den Computer übermittelt werden. Als Terminal können je nach den Anforderungen sowohl eine Schreibmaschine, ein Kathodenstrahlenbildschirm, eine Lochkarten-Drucker/Lesereinheit oder auch ein anderer Computer fungieren.

Die Eingabe von Anweisungen; Programmiersprachen Im Prinzip ist der Computer eine Maschine, die nur eine geringe Anzahl sehr elementarer Aufgaben ausführen kann (Addieren, Vergleich zweier Größen ...). Die Befehle zur Durchführung dieser Aufgabe sind die *Anweisungen*. Die Zusammenfassung all dieser Anweisungen bezeichnet man als *Programm*. Damit ein Computer die kompliziertesten Rechnungen und die umständlichsten Verwaltungsaufgaben durchführt, muß die Aufgabe in eine Sequenz dieser einfachen Anweisungen gegliedert werden: es muß ein Programm erstellt werden.

Nehmen wir die wöchentliche Lohnberechnung eines Arbeiters, der für die ersten acht Stunden am Tag jeweils 10 DM und für jede zusätzlich gearbeitete Stunde 15 DM bekommt. Vom Bruttowochenlohn müssen 10 % Lohnsteuer abgezogen werden. Nehmen wir der Einfachheit halber weiterhin an, daß der Arbeiter in dieser Woche nur zwei Tage beschäftigt war. Am ersten Tag hat er 7, am zweiten 11 Stunden gearbeitet. Es müßte also folgende Rechnung durchgeführt werden: Für die 7 Stunden des ersten Tages und für die ersten 8 Stunden des zweiten Tages bekommt der Arbeiter jeweils 10 DM, dazu drei mal 15 DM für die zusätzlichen Stunden des zweiten Tages. Daraus ergibt sich folgende Re-

Anweisung in Umgangssprache	Anweisung in Maschinensprache	Anweisung in mnemotechnischer* Sprache
Lese ein Blatt des Stapels zur linken und schreibe den Inhalt in n.	1, n	REA, n
Schreibe Inhalt von n auf das Blatt zur rechten Seite.	2, n	PRT, n
Gehe über zu n.	3, n	GTO, n
Addiere Inhalt von m zu Inhalt von n und schreibe Ergebnis in p.	4, m, n, p	ADD, m, n, p
Subtrahiere Inhalt von m von Inhalt von n und schreibe Ergebnis in p.	5, m, n, p	SUB, m, n, p
Multipliziere Inhalt von m mit Inhalt von n und schreibe Ergebnis in p.	6, m, n, p	MUL, m, n, p
Dividiere Inhalt von m durch den Inhalt von n und schreibe Ergebnis in p.	7, m, n, p	DIV, m, n, p
Setze A in n ein.	8, A, n	PUT, A, n
Wenn der Inhalt von m größer ist als der Inhalt von n, gehe zu p.	9, m, n, p	COM, m, n, p
Stopp	10	STP

A ist irgendeine Zahl.
m, n und p sind Nummern der Kästchen des Blattes.
GTO (= engl. "GO TO") bedeutet, daß nach Erfüllung der Anweisung nicht das nächste Kästchen zu lesen ist, sondern daß die nächste Anweisung in n steht.
Will man etwas in ein Kästchen schreiben, das bereits belegt ist, muß der bestehende Inhalt erst "ausradiert" werden.

* Anm. d. Übers.: Mnemotechnische Sprache = vereinfachte Hilfssprache

Schaubild 1. Die Schaubilder 1 bis 6 zeigen schematisch einen möglichen Programmablauf einer einzelnen Lohnabrechnung (s. Text S. 56 unten bis S. 62 oben).

chensequenz: (7 x 10) + (8 x 10) + (3 x 15) = 195/(70) + (80) + (45) = 195

Von diesem Ergebnis sind 10% abzuziehen. Der Lohn ist 195 – 19,50 = 175,50 DM.

Will man dieses Problem – nach Arbeitsweise des Computers – manuell lösen, benötigt man: ein Blatt Papier, das in numerierte Rechtecke oder Kästchen aufgeteilt ist; dieses übernimmt die Aufgabe des zentralen Speichers. Ein Blatt, auf dem die Rechnungen ausgeführt werden; einige Blätter zur Datenerfassung, eines zur Erfassung des Ergebnisses und nicht zuletzt die Mitarbeit des Lesenden, der als zentrale Prozeßeinheit und als Peripherieeinheit eingesetzt wird. Hierfür bedarf er keiner besonderen Ausbildung; im Gegenteil, es ist notwendig, daß er fast alles Gelernte vergißt und darauf verzichtet, Fähigkeiten einzusetzen, über

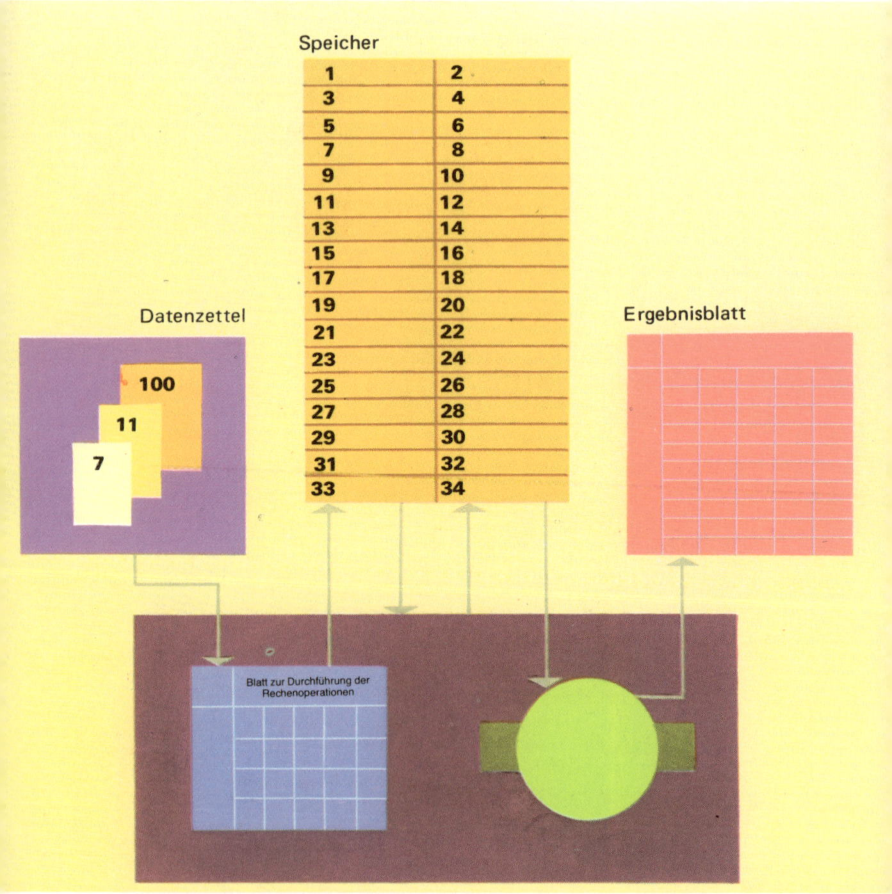

Schaubild 2

die er zweifelsohne verfügt, die jedoch ein Computer nicht besitzt. Das Programm wird auf das Papier mit den Rechtecken geschrieben, wobei für jede Anweisung ein Kästchen, angefangen mit Nr. 1, verwendet wird. Damit wir ähnlich wie ein Computer arbeiten können, müssen wir uns vorstellen, daß er nur in der Lage ist, einfache Operationen durchzuführen:

a) Lesen und Schreiben,
b) Rechnen mit den vier Grundrechnungsarten,
c) Vergleichen zweier Größen,
d) Lesen der Anweisungen und sequenzielle Ausführung.

Nach der Ausführung jeder Anweisung ist zum nächsten Kästchen des Blattes, das als Speicher dient, überzugehen, es sei denn, es wird explizit eine andere Weisung ausgegeben. Zur Vermeidung von Fehlern wird bei der Ausführung einer Anweisung die Nummer jener Anweisung aufgeschrieben, die als nächste gelesen werden soll.

All dies geschieht unter Berücksichtigung der Tatsache, daß die mögliche Anweisung nur eine der zehn sein kann, die im Schaubild auf Seite 57 dargestellt sind, und daß man nicht in der Lage ist, eine andere, von diesen sich unterscheidende, zu verstehen; sollte trotzdem eine Anweisung anderer Art auftauchen, wird der Programmablauf sofort gestoppt.

Man stelle sich vor, das vorhandene Material sei wie in Schaubild 2 angeordnet. Auf den kleinen Blättern links stehen die gearbeiteten Stunden: für jeden Arbeitstag wurde ein «Lohnzettel» aufgestellt; auf dem ersten steht eine 7, auf dem zweiten eine 11 und auf dem dritten eine Zahl über hundert. Letzteres ist eine zuvor getroffene Konvention, die besagt, daß keine weiteren Daten mehr zu berücksichtigen sind.

Schaubild 3 stellt das Programm auf dem in Rechtecke aufgeteilten Papier dar. Von ihm ausgehend, müssen dann der Inhalt des ersten Kästchens gelesen und die dort enthaltenen Anweisungen ausgeführt werden, dann der Inhalt des zweiten Kästchens gelesen werden ... Schaubild 4 stellt die Sequenz dar, in der die Anweisungen ausgeführt werden, und gibt Auskunft über den Inhalt der Ergebniskästchen im Verlauf der Programmabwicklung.

Das Endergebnis ist natürlich dasselbe, das wir schon ohne die Unterstützung des Computers errechnet hatten. Zwar ist dieses Programm nicht unbedingt modellhaft, obwohl wir zu den gewünschten Ergebnissen gelangen. Hätten wir darüber hinaus zum Beispiel auf eines der Blätter die Zahl 47 geschrieben, wäre das Programm auch gelaufen, ohne Berücksichtigung der Tatsache, daß der Tag nur 24 Stunden hat. Zur Verhinderung dieser Art von Fehlern hätte das Programm durch den Einbau von Restriktionsanweisungen ein wenig komplizierter gestaltet werden müssen.

Insgesamt war die Erarbeitung dieses einen Problems zu umständlich. Doch das jetzt erstellte Programm kann für jeden einzelnen Arbeiter eingesetzt werden, wie viele Tage und wie viele Stunden am Tag er auch gearbeitet haben mag. Würde diese Aufgabe dann in einer Millionstel oder im ungünstigsten der Fälle in einer Tausendstel Sekunde durchgeführt (und dies leistet der Computer auf jeden Fall), so könnten immer noch einige tausend Lohnabrechnungen in wenigen Minuten durchgeführt werden.

Die Logik dieses Programms kann graphisch in einem Organigramm erfaßt werden, wie es in Schaubild 5 dargestellt wird.

Zur Darstellung des Programms, das wir als Beispiel gewählt haben, war es vorteilhaft, eine Sprache zu verwenden, die der Umgangssprache relativ ähnlich ist. Doch kein Datenverarbeiter wäre in der Lage, dieses oder ein ähnliches Programm direkt zu verstehen. In jedem Computermodell entspricht jede Art von

1. Setze 10 in 25.	2. Setze 15 in 26.
3. Setze 10 in 27.	4. Setze 100 in 28.
5. Setze 8 in 29.	6. Setze 0 in 30.
7. Setze 99 in 31.	8. Lese einen Zettel des linken Stapels und setze Inhalt in 32.
9. Wenn Inhalt von 32 größer als Inhalt von 31 gehe zu 20.	10. Wenn Inhalt von 32 größer als Inhalt von 29 gehe zu 14.
11. Multipliziere Inhalt von 25 mit Inhalt von 32 und schreibe Ergebnis in 33.	12. Addiere Inhalt von 30 mit Inhalt von 33 und schreibe Ergebnis in 30.
13. Gehe zu 8.	14. Subtrahiere Inhalt von 32 von Inhalt von 20 und schreibe Ergebnis in 34.
15. Multipliziere Inhalt von 25 mit Inhalt von 29 und setze Ergebnis in 32.	16. Addiere Inhalt von 30 mit Inhalt von 33 und setze Ergebnis in 30.
17. Multipliziere Inhalt von 34 mit Inhalt von 26 und setze Ergebnis in 33.	18. Addiere Inhalt von 30 mit Inhalt von 33 und setze Ergebnis in 30.
19. Gehe zu 8.	20. Multipliziere Inhalt von 30 mal Inhalt von 27 und setze Ergebnis in 34.
21. Dividiere Inhalt von 34 durch Inhalt von 28 und setze das Ergebnis in 34.	22. Subtrahiere Inhalt von 30 von Inhalt von 34 und setze das Ergebnis in 30.
23. Schreibe Inhalt von 30 auf das Blatt rechts.	24. STOP.
25.	26.
27.	28.
29.	30.
31.	32.
33.	34.

Linke Seite: Schaubild 3 rechte Seite: Schaubild 4

Anweisungs-nummer	Nummer der nächsten Anweisung	Inhalt des Kästchens Nr. 30 *	Inhalt des Kästchens Nr. 32 *	Inhalt des Kästchens Nr. 33 *	Inhalt des Kästchens Nr. 34 *
1	2				
2	3				
3	4				
4	5				
5	6				
6	7	0			
7	8	0			
8	9	0	7		
9	10	0	7		
10	11	0	7		
11	12	0	7	560	
12	13	560	7	560	
13	8	560	7	560	
8	9	560	11	560	
9	10	560	11	560	
10	14	560	11	560	
14	15	560	11	560	3
15	16	560	11	640	3
16	17	1200	11	640	3
17	18	1200	11	360	3
18	19	1560	11	360	3
19	8	1560	11	360	3
8	9	1560	11	360	3
9	20	1560	11	360	3
20	21	1560	11	360	15600
21	22	1560	11	360	156
22	23	1404	11	360	156
23	24	1404	11	360	156
24		1404	11	360	156

* *Nach Durchführung der Anweisung*

Anweisung einem bestimmten Code; in unserem Beispiel könnte jede einzelne Anweisungsart wie in Schaubild 1 ausgedrückt werden. Das in der Maschinensprache verfaßte, dem Computer unmittelbar verständliche Programm würde wie im Schaubild 6 dargestellt aussehen. (Dieses Schaubild ist auch deshalb vollständig, weil alle Zahlen im binären System, das heißt auf der Basis ZWEI, dargestellt werden müßten; als Endprogramm müßten wir uns also eine lange Reihe von Einsen und Nullen vorstellen!)

In den ersten Entwicklungsetappen der Programminformatik wurden alle Programme, mangels einer Alternative, in dieser Maschinensprache geschrieben. Doch sehr bald wurden einfachere Methoden entwickelt: der erste Schritt bestand darin, den Anweisungscode durch mnemotechnische Buchstabengruppen zu ersetzen. (Als Mnemotechnik bezeichnet man die Kunst, das Einprägen von Lerninhalten durch Lernhilfen zu erleichtern.)

Offensichtlich wird der Computer ein so aufgestelltes Programm nicht verstehen können, und letztendlich werden die mnemotechnischen Buchstaben in die Maschinensprache übersetzt werden müssen. Da es sich hierbei aber um einen Routinevorgang handelt, steht uns nichts im Wege, dem Computer ein Programm einzugeben, das ihn befähigt, diese Übersetzung selbst vorzunehmen. Ein solches Programm läuft in der Fachsprache unter dem Namen *Assembler.* Wir können ein solches Programm natürlich auch für unser Beispiel einsetzen: wir entwickeln ein Programm, das dem Computer die Anweisung gibt, eine Eingabe wie «Setze 0 in 30» in «8.0.30» zu übersetzen. Gleiches gilt für alle anderen Anweisungen. Dieser Grundgedanke hat dazu geführt, daß wir heute in der Lage sind, ein Programm in Sprachen einzugeben, die der Umgangssprache relativ ähnlich sind. Beispiele für solche Programmiersprachen sind «COBOL», die besonders für den Einsatz im verwaltungstechnischen Bereich entwickelt wurde, oder «ALGOL» und «FORTRAN», beide für den Einsatz in mathematischen Bereichen. In diesen Fällen heißt das Programm, das für die Übersetzung verantwortlich ist, *Compiler*, und der Übersetzungsvorgang als solcher *Compilierung*. Anm. d. Üb.: Der grundlegende Unterschied zwischen Assembler und Compilersprache liegt darin, daß erstere maschinenorientiert und letztere problemorientiert ist.

Die angeführten Programmiersprachen sind nur die am weitesten verbreiteten, in Wirklichkeit gibt es jedoch Hunderte; sind sie eher der Umgangssprache ähnlich, spricht man von Sprachen auf «hohem Niveau», ähneln sie mehr der Maschinensprache, spricht man von Sprachen auf «niedrigem Niveau». Das in einer anderen als der Maschinensprache geschriebene Programm heißt *Quellenprogramm*, und das Resultat nach der Übersetzung in Maschinensprache heißt *Objektprogramm.* Bei unseren bisherigen Ausführungen haben wir uns an ein Computermodell gehalten, das in Wirklichkeit so nicht existiert. Die Computer, die heute eingesetzt werden, entsprechen aber einer sehr ähnlichen Logik. Sie verfügen über mehr als die zehn Anweisungsmöglichkeiten, die wir für unser Beispiel verwendet haben, in der Regel sind es mehr als 100. Wichtig ist, festzu-

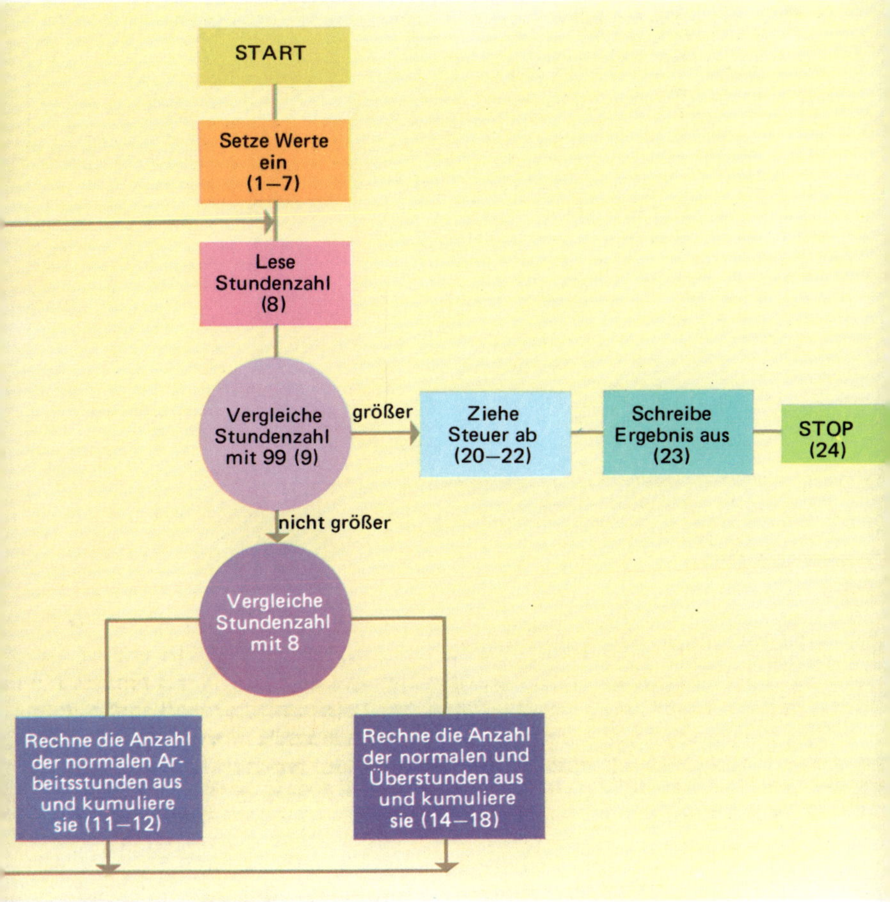

Schaubild 5

halten, daß jede mögliche Anweisung einer sehr einfachen Aufgabe entspricht, oftmals noch einfacher als die, die wir «unserem» Computer zugetraut haben.

Damit ein Computer eine bestimmte Aufgabe durchführt, genügt es also nicht, wie man es sich vorstellt, einfach auf einen Knopf zu drücken. Jedes einzelne Problem, das wir mit Hilfe eines Datenverarbeiters lösen wollen, bedarf einer eingehenden Analyse, einer expliziten Darstellung der einzelnen Schritte, die das Gesamt ausmachen und – mit der Unterstützung eines Compilers – deren

Programm in Maschinensprache	Programm in mnemotechnischer Sprache
8, 80, 25	PUT, 80, 25
8, 0, 30	PUT, 0, 30
8, 99, 31	PUT, 99, 31
1, 32	REA, 32
9, 32, 31, 20	COM, 32, 31, 20
9, 32, 29, 14	COM, 32, 29, 14
6, 25, 32, 33	MUL, 25, 32, 33
4, 30, 33, 30	SUM, 30, 33, 30
3, 8	GTO, 8
5, 32, 29, 34	SUB, 32, 29, 34
6, 25, 29, 33	MUL, 25, 29, 33
4, 30, 33, 30	SUM, 30, 33, 30
6, 34, 26, 33	MUL, 34, 26, 33
4, 30, 33, 30	SUM, 30, 33, 30
3, 8	GTO, 8
6, 30, 27, 24	MUL, 30, 27, 34
7, 34, 28, 34	DIV, 34, 28, 34
5, 30, 34, 30	SUB, 30, 34, 30
2, 30	PRT, 30
10	STOP

Übersetzung in Maschinensprache. Erst dann ist unser Computer in der Lage, die gewünschten Resultate zu liefern, vorausgesetzt, es sind bei der Aufstellung des Programms und der Dateneingabe keine Fehler unterlaufen. Dies ist ein Aspekt, dem nur selten gebührende Aufmerksamkeit geschenkt wird. Eine Fehlerquote von 25% und sogar bis zu 40% bei der Dateneingabe sind keine Seltenheit. Computerspezialisten haben dies sehr anschaulich ausgedrückt: «Füttert man Müll ein, kann nur Müll wieder rauskommen.»

Betriebsarten Der Normalfall ist, daß Programm und Daten über Peripherieeinheiten eingegeben werden, die nur wenige Meter entfernt vom Datenverarbeiter selbst stehen, und daß ein Programm nach dem anderen ausgeführt wird. In diesem Fall sprechen wir von *Einprogramm Local Batch.*

Linke Seite: Schaubild 6
Rechts: Schematische Darstellung des Übersetzungsvorganges von der Programmiersprache, der «Computersprache» also, in maschinenlesbare Schrift.

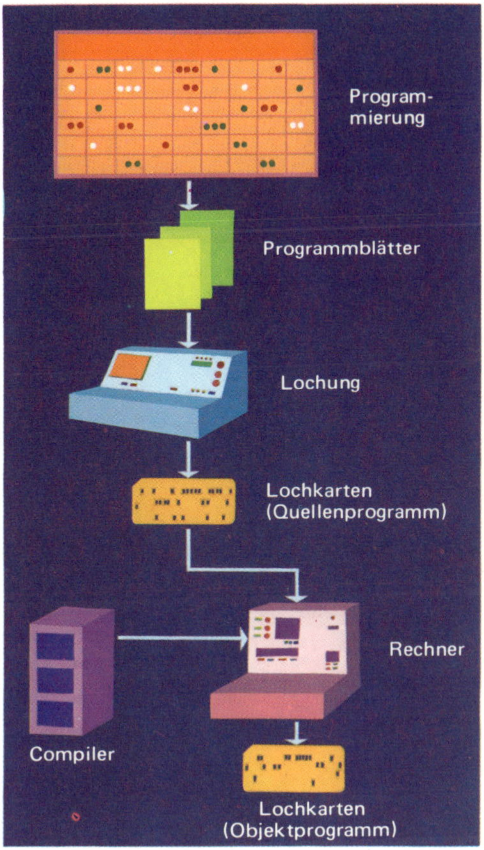

Doch können sowohl Programm wie Daten über Peripherieanlagen eingelesen werden, die weitab von der Zentraleinheit aufgestellt und mit dieser über eine Telefonleitung verbunden sind. Man spricht in diesem Zusammenhang von einem Teleprozeß. Auch in einem solchen Fall wird man, ungeachtet des geographischen Ortes der einzelnen Elemente der Anlage aus der Sicht des Benutzers im Stapelbetrieb verfahren können: Es werden alle Daten zur gleichen Zeit eingegeben, und der Computer wird erst dieses Programm ausführen und dann zu einem nächsten übergehen.

Doch es ist auch möglich, die Daten dann, wenn sie anfallen, vorzugeben, das heißt mit dem Computer in einem ständigen Dialog zu stehen. Dies Betriebssystem wird *Real-Time Processing* genannt. Mit diesem System arbeiten zum Beispiel einige Bankinstitute oder werden die Platzreservierungen im Bahn- und

Links: Eine Schreibmaschinenkonsole ist hier das Terminal – eine räumlich von der EDV-Anlage getrennte Ein- oder Ausgabeeinheit – einer Anlage, deren Drucker und Stanzer auf der rechten Seite abgebildet sind. Über Terminals können Daten durch Telefonkabel von dort aus, wo sie anfallen, an die Zentraleinheit gegeben werden. Als Terminal können neben einer Schreibmaschine auch ein Bildschirm, eine Lochkarten-Drucker/Leser-Einheit oder ein anderer Computer dienen.

Flugverkehr vorgenommen. Doch offensichtlich wird ein Computer, der ein Programm nach dem anderen ausführt, seine Kapazität nicht auslasten können. Dies liegt in den riesigen Geschwindigkeitsunterschieden zwischen den Zentral- und den Peripherieeinheiten begründet. In einem verwaltungstechnischen Programm wird das Volumen der durchzuführenden Rechenaufgaben relativ gering sein, während zugleich viele Schreib- und Lesevorgänge notwendig sind. Die Zentraleinheit wird, wenn sie einmal die Daten und Anweisungen bekommen hat, die Rechnungen sehr bald ausgeführt haben und dann brachliegen, während der Drucker die Information ausschreibt und sie keine neue Information zur Verarbeitung bekommt.

Wie kann die Zentraleinheit in dieser Zeit genutzt werden? Die Antwort auf diese Frage gibt uns das *Multiprogramming*: der Computer führt nicht eines, sondern mehrere Programme zugleich aus, die nach einer bestimmten Priorität angeordnet sind.

Zuerst wird er das dringendste Programm ausführen, und während die Peripherieeinheiten die Ergebnisse ausschreiben oder auf weitere Daten gewartet wird, arbeitet er an einem anderen Programm.

Das System des *Time-sharing* ist eine Kombination aus Real Time- und Multiprogramming. Dieses Betriebssystem funktioniert ähnlich, wie ein Schachweltmeister zugleich mit mehreren Gegnern spielen müßte. Auf Grund der hö-

heren Geschwindigkeit des Einzelspielers verhalten sich alle anderen Spieler so, als hätte jeder seinen Gegner vor sich sitzen. Auf diese gleiche Weise können an eine Zentraleinheit eine Vielzahl von Terminals angeschlossen werden, die dann gewisse Betriebszeiten eingeräumt bekommen. Der Benutzer einer dieser Terminals hat dabei aber das Gefühl, als arbeite der Computer für ihn allein.

Etwa 2 bis 3% der Gesamtinvestionen in die Informatik werden in die Koppelung der EDV mit einem Produktionsprozeß gesteckt, in die Leitung und Überwachung von Fabrikationen also: Haupteinsatzbereiche sind Chemiewerke, Raffinerien und andere Gebiete, wo Produkte mit hochspezialisierter Technik massenhaft hergestellt werden, dort wo die Präzision menschlicher Arbeitskraft nicht ausreicht oder ersetzt werden kann.
Oben: Ein programmgesteuertes Maschinensystem zur Herstellung von Registrierkassen.

Anwendungsbereiche der EDV

Die Bereiche, in denen die Informatik Anwendung finden kann, nehmen von Tag zu Tag zu: Die Techniken der Produktionskontrolle und der Unternehmensleitung, die Ausbildung sowie eine große Anzahl anderer menschlicher Tätigkeiten lassen sich durch die Einführung von elektronischen Datenverarbeitern verbessern. Wir setzen das Interview mit Professor Langefords über dieses Thema fort:

Wird die Informatik es uns ermöglichen, sowohl in technischer als auch in sozialer und wirtschaftlicher Hinsicht Methoden zur Erlangung von perfekten und logischen Unternehmensentscheidungen zu entwickeln?

«Ich habe diese Frage schon vor einigen Jahren, als ich mit dem Unterricht an der Stockholmer Universität begann, als entscheidend für die Forschung betrachtet. Ich hielt es damals für möglich, größere und noch weitgehender integrierte Systeme der Informatik sowie zugleich auch eine theoretische Methode der mathematischen Optimierung zu entwickeln. Ein solches gekoppeltes Vorgehen könnte zur Herstellung und vollkommenen Integrierung bestmöglicher Systeme für die Leitung und Überwachung von Unternehmen führen.

Ich fragte mich, ob das in dieser Form überhaupt durchführbar sei. Die Antwort darauf fiel negativ aus. Dafür gibt es mehrere Gründe. Entscheidend ist vielleicht, daß mehr als nur ein einzelnes Ziel anvisiert wird, wenn man, in welcher Organisation auch immer, zu Entscheidungen auf einer allgemeineren Ebene kommen will. So sagte mir der Direktor eines Unternehmens zum Beispiel, und so hört man es von vielen Seiten immer wieder, einziges Ziel sei die maximale Rentabilität. Darin erkenne ich aber schon zwei Ziele: Die maximale Rentabilität sowohl zum gegenwärtigen Zeitpunkt als auch in der Zukunft. Und in den meisten Fällen widersprechen sich diese beiden Ziele sogar, denn die Wege, die es zur Erreichung dieser Ziele einzuschlagen gilt, unterscheiden sich. Mathematische Modelle lassen sich deshalb nicht verwenden, es sei denn, man erhielte seitens der Verantwortlichen über die relative Rentabilität konkrete quantitative Einschätzungen.

Außerdem merkt man, wenn man mit den wirtschaftlich Verantwortlichen gründlich darüber diskutiert, daß nicht nur die bestmögliche Ausnutzung, sondern auch ein größtmögliches Wachstum erstrebt werden. Je intensiver man sich mit dem Problem beschäftigt, desto häufiger stellt man fest, daß die verantwortlichen Organe auf höchster Ebene mehrere Ziele verfolgen. Ein Direktor kann zwar zu einem gegebenen Zeitpunkt ein bestimmtes Ziel wählen; man muß aber wissen, warum dieses Ziel zu einem solchen konkreten Zeitpunkt wichtiger ist als alle anderen. Meistens kann man von den Verantwortlichen hierüber keine quantitativen Angaben bekommen; und wirklich, sie wissen nicht, was sie wirklich wollen. Das ist keineswegs verwunderlich; denn wenn eine Neuerung heute auch das wichtigste Ziel ist, so kann es morgen sehr gut eine andere sein. Wenn in einem Unternehmen für dieses Jahr keine zufriedenstellende Rentabilität vorgesehen war, wird das erste Ziel erreicht sein. Wenn man dieses Jahr aber für eine maximale Rentabilität gesorgt hatte, so wird man erkennen, daß es wichtigere Dinge gibt, wie etwa eine langfristige Strategie. Strenggenommen müßten die Direktoren nicht nur den relativen Wert, den sie den jeweiligen Zielen zuschreiben, angeben, sondern auch ihre Erwartungen bezüglich der Entwicklung der Beziehung zwischen den verschiedenen Zielen. Aber gerade das ist ja unvorstellbar und macht obige Idee undurchführbar.

Nun stellt sich aber die Frage: Können wir denn nichts tun, um über diese Entscheidungen mitzubestimmen? Die vorherige Schlußfolgerung stimmt pessimistisch. In Wirklichkeit könnten wir die Verantwortlichen, dank einer Idee der Informatik, die dynamischer ist als die Durchführung mathematischer Modelle, unterstützen, indem wir ihnen mehr Informationen und genauere Bilder über die Entwicklung ihrer verschiedenen Ziele zur Verfügung stellen.

Es scheint, als gerate jede Organisation etwa alle drei Jahre in eine kritische Situation und sehe sich dann gezwungen, Entscheidungen zu treffen, welche die Zukunft betreffen. Dies wiederum geht über die eigentlichen Funktionen eines Datenverarbeiters hinaus und übersteigt seine Möglichkeiten bei weitem, und zwar aus dem einfachen Grunde, weil ein Computer beim besten Willen nicht voraussehen kann, was in der Außenwelt geschehen wird; außerdem muß eine Neudefinierung in solchen kritischen Situationen zwangsläufig neue unlösbare Probleme aufwerfen. Das heißt aber nun nicht, daß der Datenverarbeiter nicht durchaus auch Situationen simulieren und errechnen könnte, was unter bestimmten Voraussetzungen geschehen würde.»

Glauben Sie, daß die Informatik in das Privatleben eindringen und dieses bedrohen wird? Müssen zum Schutze des Individuums Regelungen getroffen und Gesetze erlassen werden?
«Es handelt sich bei dieser Frage im wesentlichen um ein zwar technisches Problem, das jedoch von politischen Entscheidungen abhängt. Meiner Ansicht nach besteht der Grund dafür, daß wir mit der Datenverarbeitung vorsichtig umgehen müssen, gerade in ihrem großen Nutzen für die Menschheit. Also müssen wir verhindern, daß sie uns gefährlich wird. Wäre der Aspekt der Gefährlichkeit und Schädlichkeit der einzige, so würden wir sie einfach nicht mehr anwenden. Unser Problem besteht aber darin, zu entscheiden, welche Information über einen Menschen in welchem Ausmaß und wozu bekanntwerden darf. Einerseits müssen wir die diesbezüglichen Gesetze und Regelungen, besonders die für die Auswertung der Information, wie sie in dieser Angelegenheit zu erlassen sein werden, deshalb sehr sorgfältig prüfen.»

Welches sind die Richtlinien und Prinzipien, die es zu berücksichtigen gilt, damit die Informatik im Bereich der Erziehung und Ausbildung richtig angewandt

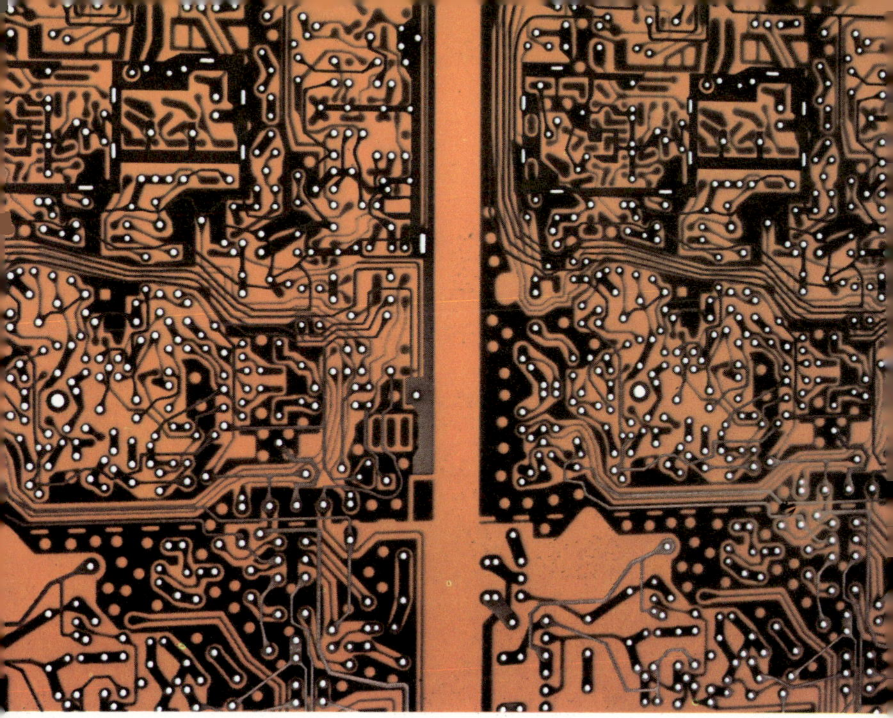

Immer kleinere Bauteile ließen die Computer immer schneller rechnen. Eine Rechenoperation über Schaltkreise auf Chips zum Beispiel, das sind Siliziumplättchen von 57 mm Durchmesser, liegt heute im Nanosekunden(ns)-Bereich (das Verhältnis von 1 ns zu 1 Sek. entspricht 1 Sek. zu 30 Jahren!).

werden kann? Ist es denkbar, daß die Professoren eines Tages durch elektronische Datenverarbeiter ersetzt werden könnten? Was für eine Hilfe beinhalten Computer für die gegenwärtige Erziehung? Wo liegen die Grenzen für diese Entwicklung?

«Im Bereich der Erziehung läßt sich vieles mit der Datenverarbeitung anfangen. Ich habe dieses Problem bereits angesprochen, als ich über die Lernmöglichkeiten durch praktische Erfahrungen mit einem Terminal sprach. Die Verwendung solcher Terminals erlaubt das Experimentieren auch in Fällen, in denen es früher nicht möglich war. Es gibt zahlreiche solcher neuen Anwendungsbereiche. Wollen wir Studenten zum Beispiel die mathematischen Methoden für Entscheidungen oder die lineare Optimalisierung beibringen, so wäre es viel wirksamer, wenn diese nicht nur lesen, sondern auch über ein Terminal und eine Programmierung verfügen würden, um selbständig Berechnungen anstellen, Hypothesen aufstellen und so ein konkreteres Gefühl des Experimentierens mit verschiedenen Entscheidungsmethoden bekommen zu können.»

Die technische Leistung einer unglaublichen Verkleinerung der Computer-Bauteile kam auch der Konstruktion von kleinen, wirtschaftlichen EDV-Anlagen zugute, die von nun an nicht mehr nur von Großunternehmen eingesetzt wurden.

Was geschieht mit der programmierten Ausbildung?
«Wäre es denkbar, daß die Professoren durch Computer ersetzt werden? Viele Unternehmen versuchten, Datenverarbeitungssysteme in Betrieb zu nehmen, ohne sie ausreichend verstanden zu haben, so daß man sehr viele Fehler beging; den einzelnen Unternehmen entstanden dadurch riesige Summen an Unkosten. Eine große Anzahl dieser Fehler wäre zu vermeiden gewesen, hätte man den Ausbildern die nötige Zeit gelassen, Einsicht und Vertrautheit mit dem Problem

zu gewinnen und entsprechende Gewandtheit in seiner Behandlung. Wir haben hier eine Abteilung für den Bereich der programmierten Ausbildung errichtet. Aber die Leute fingen nicht damit an, das Problem zunächst systematisch zu untersuchen, um herauszufinden, was man überhaupt machen kann und was nicht, sondern nahmen die Arbeit statt dessen sofort auf, in den USA übrigens die übliche Weise des Vorgehens. Es gab unter diesen Umständen so viele schlecht strukturierte Projekte, daß am Ende dieser ganze Bereich in Mißkredit geriet. Wir finden aber, daß dies nicht gerechtfertigt ist.

Das klassische Vorgehen, wenn man eine Programmierung verstehen und lernen will, ist: man liest ein Kapitel eines Buchs, versucht seinen Inhalt zu verstehen und geht dann sofort an den Datenverarbeiter und macht ein Programm. Dies geschieht beispielsweise am Nachmittag; am nächsten Morgen merkt man, daß man gleich am Anfang einen Fehler gemacht und folglich den ganzen Rest ausgelassen hat. Wenn man dagegen mit dem Datenverarbeiter einen Dialog führen kann, braucht man das Kapitel nicht ganz zu lesen: von dem Augenblick an, an dem man an einer Stelle etwas verstanden zu haben glaubt, kann man sofort einen Test machen. So braucht man nicht gleich ein ganzes Kapitel zu verarbeiten.

Hat man einmal etwas falsch im Kopf eingeordnet, wird es schwer sein, sich davon wieder zu lösen. Dank der Möglichkeit, mit dem Computer einen Dialog zu führen, kann man sich viele Irrtümer und Mißverständnisse ersparen. Möglicherweise sind die Vorteile zwar nicht so zahlreich, wie man zunächst annahm; ich glaube jedoch, daß die negativen Erfahrungen im Bereich der programmierten Ausbildung, von denen wir bereits sprachen, auf Grund einer solchen Inkompetenz zustande kamen, daß es nicht angebracht wäre, daraus allzu pessimistische Schlußfolgerungen zu ziehen.»

Auf dem Gebiet der Informatik gibt es praktisch eine Monopolsituation. Wie kommt es dazu, daß IBM und einige andere Firmen die Entstehung neuer Verfahren kontrollieren können?

«Hierin sehe ich eine tatsächliche Gefahr. IBM beherrscht den Markt uneingeschränkt. Als ich die Erzeugnisse der schwedischen Informatik zu verkaufen hatte, wollte ich vernünftig argumentieren, aber die Kunden erwiderten: ‹Mit Sicherheit irren Sie sich, denn das ist nicht, was IBM sagt.› Die mächtigeren Hersteller neigen dazu, solche Erfindungen, die für sie eine Konkurrenzgefahr darstellen, zu kaufen; IBM dagegen scheint die anderen Firmen auf gewisse Weise zu verteidigen, indem sie sie nicht aus dem Markt auszuschließen versucht, sondern statt dessen die eigenen Produkte zu höheren Preisen auf den Markt bringt, wodurch die kleineren Konkurrenten im Rennen bleiben können. Dies macht auch eine gewisse Erneuerungskapazität möglich.

Möglicherweise wird sich die Situation in Richtung auf eine größere Konkurrenz entwickeln. Ich glaube, daß die Minidatenverarbeiter und die Mikrodatenverarbeiter dieses traditionelle Monopol etwas aufbrechen werden.»

Welches sind die Entwicklungsbedingungen für eine europäische Industrie der Informatik?
«Persönlich bin ich der Meinung, daß ein Netz kleiner Datenverarbeiter mit den großen zentralisierten Datenverarbeitern wird gut konkurrieren können. Was das Maß der Ersparnis angeht, die auf die Größe des Datenverarbeiters zurückzuführen ist, wird stark übertrieben. Die Preise der kleinen Datenverarbeiter entwickeln sich sehr günstig. Selbst die Minidatenverarbeiter sind in ihrer Stellung bereits von den Mikrodatenverarbeitern bedroht! Die Situation ist im Wandel: Nur sind die großen Datenverarbeiter von den kleinen Produzenten schwer herzustellen. Außerdem wird es keinen Bedarf an großen Datenverarbeitern geben. Selbst in einer Gesellschaft, in der die Informatik eine große Rolle spielt, wird man es als viel interessanter ansehen, die Datenverarbeitungskapazität mittels kleiner Datenverarbeiter zu erhöhen, welche die großen entlasten.»

Welche Entwicklung wird die Informatik in der nächsten Zukunft einschlagen?
«Die allgemeine Tendenz besteht in einer schnellen Senkung der Kosten und Größe der zentralen Recheneinheiten. Es gibt auch eine große Entwicklung in der Technologie der Speicherung der großen Datenbanken. Wir sind jetzt fähig, viel mehr Daten zu speichern und sie schnell zu finden. Neue Methoden erleichtern den Zugang zu den Informationen und deren Verwendung. Zum Beispiel wird eine sogenannte künstliche Intelligenz entwickelt: Wenn man bestimmte Daten eingibt, kann der Datenverarbeiter daraus Schlüsse ziehen und andere Sachverhalte ableiten. Das Problem ist, wenn man eine große Informationsbank benutzen will, daß sie eine gewisse Zeit in Anspruch nehmen und die Antwort sehr verzögern kann. Verfügt man aber über schnellere und billigere zentrale Verarbeitungseinheiten, das heißt über solche, die mit schnelleren und billigeren Speichern ausgestattet sind, so werden sich die oben angesprochenen Möglichkeiten entfalten können.

Die Kommunikation mit dem Datenverarbeiter wird noch leichter herzustellen sein. Dieser wird dann auch in der Lage sein, sich selbst zu programmieren: heutzutage diktieren wir das Programm, welches dann Schlüsse aus bestimmten Daten zieht. Wenn der Computer imstande wäre, von sich selbst diese Schlüsse zu ziehen, würden wir an der Programmierungsarbeit große Ersparnisse machen können.

Dank dieser Erleichterungen im Umgang mit dem Datenverarbeiter wird eine wachsende Zahl von Personen Zugang zu den Informationsbanken an immer verschiedeneren Orten haben. Diese Entwicklung wird vielleicht eines Tages ermöglichen, daß in jedem Haus ein Terminal eingerichtet werden kann wie ein Telefon.

Wenn man über die Anwendung von Datenverarbeitern in den Schulen Unterricht geben will, wird man die Programmierungstechniken nicht unbedingt, wohl aber den Gebrauch von Terminals lernen müssen.»

Die Anwendungsbereiche der Datenverarbeitung Ständig gibt es neue Möglichkeiten für den Einsatz von Datenverarbeitern. 1972 veröffentlichte eine Fachzeitschrift eine Liste mit mehr als 2300 solcher allgemeinen Einsatzzwecke. Man übertreibt nicht, wenn man sagt, daß es bald keinen Bereich menschlicher Tätigkeit mehr geben wird, in dem die Datenverarbeitung nicht eingesetzt sein wird. Hierin besteht gerade die große Bedeutung dieser Erfindung.

Ein überlegener Schachspieler? Wie läßt sich die Datenverarbeitung nun einsetzen? Beginnen wir mit dem Schachspielen. Die Problematik dieses Spiels ist im Grunde weitgehend definiert und festgelegt: Es gilt, durch bestimmte erlaubte Operationen (Schachzüge) das Ziel (Schachmatt) zu erreichen. Seit der Zeit des «AUTOMATA DE MAELZEL» im 18. Jahrhundert bis zu dem «JUGADOR DE TORRES DE QUEVEDO» (1914) hat man einfallsreiche Mechanismen entwickelt, um bestimmte Aspekte dieses Spiels zufriedenstellend zu lösen. Die Datenverarbeitung ist hiervon selbstverständlich der beste. Heißt das aber nun, daß sie sogar besser ist als der menschliche Spieler? Nein, denn die beste Programmierung eines Datenverarbeiters war bisher höchstens imstande, Amateurspieler zu besiegen. Dennoch sind Verbesserungen nicht auszuschließen. Jeder Zug eines Spiels beinhaltet 32 verschiedene Möglichkeiten; dazu kommen noch die 32 jeweiligen Antworten, was insgesamt 1024 Möglichkeiten ausmacht. Bei einem normalen Spiel macht jeder Spieler etwa 40 Züge. Folglich wird die Zahl der möglichen Variationen etwa 10^{120} betragen. Eine Maschine, die jede Variation in einer millionstel Sekunde ausrechnen würde, bräuchte an die 10^{100} Jahre für nur den einen ersten Zug!

Die «datenverarbeitungsmäßigen Annäherungen», die vom Schachspieler bei jedem Schachzug gemacht werden, stellen eine Art Erkundung dar, welche nur bis zu einem bestimmten Niveau, dem sogenannten «Möglichkeitsbaum», reichen. An jedem Scheitelpunkt (vertice) dieses Baumes wird eine Funktion errechnet, um die Qualität des Zuges an Hand der für die nächsten Züge zu erwartenden Vorteile einzuschätzen. Da aber von jedem Scheitelpunkt mehrere Zweige ausgehen, wächst der Baum auf schwindelerregende Weise. Daher auch die Notwendigkeit, ein Grenzniveau festzulegen. Auf Grund dieser Tatsachen kann der Datenverarbeiter also nicht «der perfekte Spieler» sein. Auf der anderen Seite sollte man auch nicht vergessen, daß der Datenverarbeiter vom Menschen programmiert, sein Vorgehen also von diesem bestimmt wird. Wird der Spieler von der Maschine geschlagen, so braucht er nur noch ihr Programm durch ein anderes niedrigerer Qualität zu ersetzen, und schon kann er die Maschine besiegen.

«Der Computer ist ein Instrument, das in der Lage ist, menschlichen Irrsinn ins Tausendfache zu potenzieren.»

LE DUC THO

Nachdem wir diese Prämissen aufgestellt haben, um die weit verbreiteten Mythen bezüglich der Datenverarbeitung abzubauen, gehen wir zur Darstellung der außergewöhnlichen Dienste über, welche die Datenverarbeitung leistet.

Datenverarbeitung und Wissenschaft Die Einführung der Datenverarbeitung hat in der Mathematik, vor allem im Bereich der angewandten Mathematik einen bemerkenswerten Fortschritt bewirkt. Dank des Einsatzes der Datenverarbeitung kam es zu zahlreichen Neuentwicklungen auf dem Gebiet der Theorie, die von großem Nutzen für uns sind. Früher waren solche Ableitungen wegen ihres komplizierten Charakters unmöglich. So ist es zum Beispiel möglich, durch die «lineare Programmierung» Probleme wie das folgende zu lösen: Gewisse Produkte, die mit bestimmten Eigenschaften ausgestattet sind, werden im richtigen Mengenverhältnis so gemischt, daß am Ende ein Kraftfutter dabei heraus-

Die Informatik ist mit ihrer enormen Datenkapazität ein unentbehrliches Hilfsmittel verschiedenster wissenschaftlicher Disziplinen.

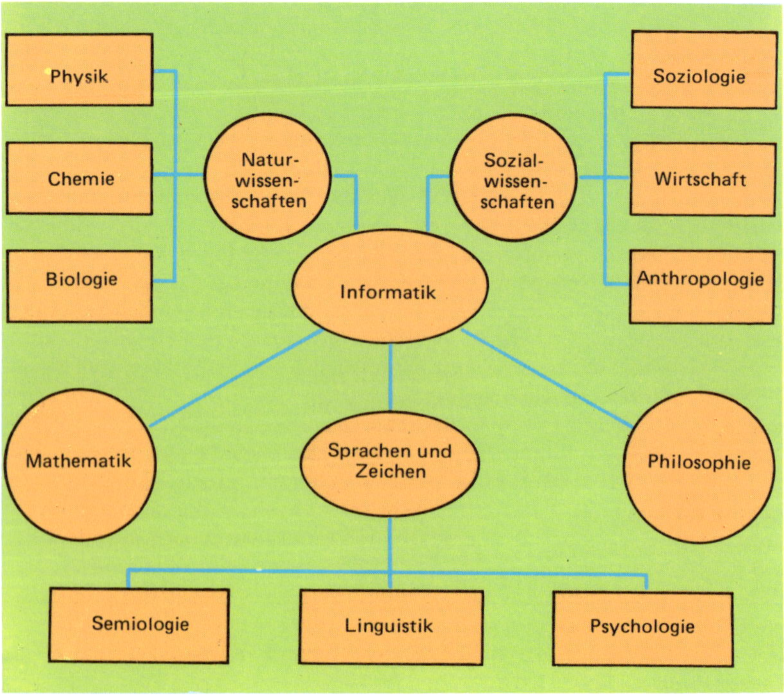

kommt, das bei minimalen Kosten kalorien- sowie nahrungswertmäßig zufriedenstellend ist. Will man eine große Anzahl von Produkten so errechnen, ist diese Aufgabe ohne Datenverarbeiter praktisch unlösbar.

Auch auf dem Gebiet der automatischen Beweisführung mathematischer Sätze oder, besser gesagt, in der automatisierten Entwicklung aller möglichen, von einem bestimmten Axiomensystem* ableitbaren mathematischen Sätze, sind Fortschritte zu verzeichnen. In den Humanwissenschaften (Geschichte, Literatur, Jura...) sind ganz besonders die sogenannten «mechanisierten Bibliotheken» zu erwähnen. Sie machen es möglich, die gesamten Veröffentlichungen eines Faches in automatisierten bibliographischen Zentren zu konzentrieren und ihre Zugänge außergewöhnlich schnell und wirksam zu gewährleisten. Angesichts der enormen Anzahl von in der ganzen Welt veröffentlichten Artikeln, Zeitschriften und Büchern handelt es sich hierbei für alle Wissenschaften um einen besonders wichtigen Beitrag.

Eine andere, bemerkenswerte Verwendung der Datenverarbeitung auf dem Gebiet der Literatur ermöglicht es uns, die Entwicklung eines Autors zu verfolgen oder sogar den Autor einer bis dahin für anonym gehaltenen Schrift zu identifizieren, zum Beispiel an Hand seines Stils (der Häufigkeit von ihm benutzter Ausdrücke...).

Die Forschungsarbeit in den Experimentalwissenschaften wird durch den Einsatz der Datenverarbeitung enorm bereichert. Die Methodologie auf diesem Gebiet ist folgende: Der fachmännische Theoretiker wählt ein Modell, der Techniker oder Fachmann in der Praxis nimmt die Daten und experimentiert. Parallel dazu entwirft der Mathematiker, um Lösungen und Antworten zu bekommen, einen Logarithmus (oder ein dem Modell entsprechendes Verfahren). Und schließlich kann die eigentliche Berechnung von einem Informatiker, der alle Vorarbeit für den Datenverarbeiter ordnet, durchgeführt werden.

Nach diesem Schema wird in fast allen Wissenschaften gearbeitet. Würde der letzte Schritt, das ist die Berechnung, wegfallen, so hätte alles andere nur einen theoretischen Wert. Dank der Datenverarbeitung aber kann man schnell und präzise zu praktischen Ergebnissen und Lösungen kommen, welche dann mit der Wirklichkeit konfrontiert Schlußfolgerungen über die Gültigkeit des vorgeschlagenen Modells zulassen. Wenn man sich vor Augen hält, daß dieses das Ziel aller Experimentalwissenschaft ist, so kann man auch verstehen, welcher folgenschwere Impuls von einem solchen automatischen Rechenmittel ausgeht.

Etwas Ähnliches läßt sich für die Sozialwissenschaften feststellen. Die statistischen Analysen einer Bevölkerungsstruktur zum Beispiel lassen sich mit Hilfe eines Datenverarbeiters recht effektiv durchführen. Ohne seine Hilfe hätte man in der Technologie der ökonomischen Planung (wie die Input-Output-Tabellen*) keinen Fortschritt gemacht, denn die Handhabung so vieler ökonomischer Variablen, wie sie eine Studie auf Länderebene erfordert, wäre allein mit Hilfe von Handrechnungen unmöglich.

Mehr noch, wenn ein Problem es unmöglich macht, eine mathematische Formulierung klassischen Typs zu finden, kann man auf Techniken wie Simulation* zurückgreifen, welche sich als besonders effektiv erweist. So finden die «Unternehmensspiele» Anwendung, mittels derer sich die Situation eines Unternehmens und dessen ökonomisches Umfeld simulieren, verschiedene Variablen manipulieren und die Konsequenzen dieser Veränderungen abschätzen lassen. Man kann zum Beispiel die Situationen, die sich aus einer Veränderung der Rohstoffpreise oder aus der Tätigung neuer Investitionen oder aus der Vergrößerung eines Werkes oder aus der Abschwächung der Konkurrenz auf Grund etwa von Preissenkungen ergeben würden, untersuchen und die kurz-, mittel- und langfristigen Wirkungen solcher Veränderungen auf das Unternehmen beobachten. Die Vorzüge dieses Verfahrens liegen auf der Hand: Ein Sachverhalt kann beobachtet werden; aber ohne direkt auf ihn Einfluß zu nehmen, ohne Risiken eingehen zu müssen, kann man eine Entwicklung am Modell durchspielen, so daß verdeckte Zusammenhänge plötzlich sichtbar werden. Hierin besteht die Reichhaltigkeit solcher Verfahren, die jedoch – der Vollständigkeit halber muß es ge-

Die automatische Übersetzung gründet sich auf die Erarbeitung aufeinanderfolgender Übersetzungen auf verschiedenen Ebenen. Nach der Sequenz, die das Schaubild angibt, erhält man den übersetzten Text.

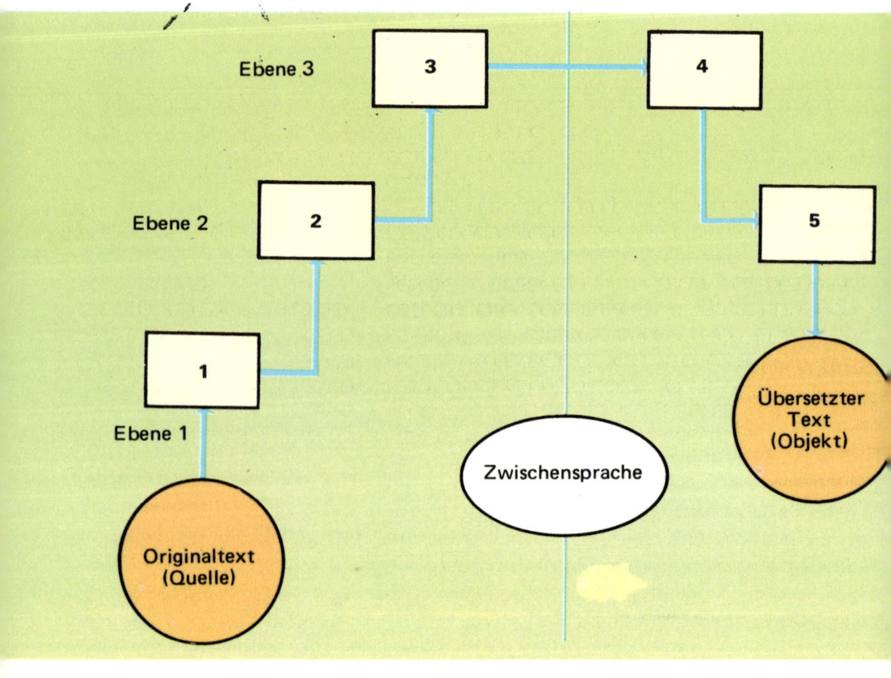

sagt werden – sehr oft mißbraucht wurde. Die schnelle Erzielung praktischer Ergebnisse verleitet gelegentlich dazu, das Wesentliche an einer begrifflich dargestellten Wirklichkeit zu vergessen. So wurden gerade soziale Phänomene leicht viel zu oberflächlich abgehandelt und zum Beispiel für die Entwicklung der Gesellschaft oder den einzelnen Menschen grundlegende Bedingungen übersehen.

Auf dem Gebiet der Psychologie und Sozialwissenschaften kann die Datenverarbeitung eine sehr wichtige Rolle spielen. Denn sollen die Schlußfolgerungen, zu denen man gelangt, Gültigkeit haben, so muß man mit einer möglichst großen Menge von Daten umgehen, um Verbindungen unter ihnen entdecken zu können. Schon seit langer Zeit ist das Problem der automatischen Übersetzung auf großes Interesse gestoßen. Man hält es sogar für möglich, Texte eines tiefen emotionalen Inhalts, denen selbst menschliche Übersetzer niemals hundertprozentig gerecht werden können, mittelfristig auf diese Weise übersetzen zu können. Der Horizont der automatisierten Übersetzung geht zwar nicht über Texte hinaus, die eine sehr konkrete Thematik behandeln wie zum Beispiel wissenschaftliche Texte. Aber schon allein das ist nicht wenig und kann die Kommunikation in fast allen Bereichen der Kultur erheblich erleichtern.

Die ersten Versuche in dieser Richtung wurden 1930 unternommen und beruhen auf einen ganz einfachen Prinzip: Ein Lexikon wird in einer Speichereinheit aufbewahrt: man übersetzt dann Wort für Wort. Natürlich ist diese Technik recht primitiv: denn die Lexika führen nicht nur nicht den gesamten möglichen Wortschatz auf, sondern sie enthalten darüber hinaus auch keine grammatikalischen Varianten (wie etwa die Zeiten der Verben). Und selbst wenn dieses Problem durch den Einsatz großer Speicher gelöst würde oder durch den großen Zeitaufwand, den die Zerlegung jedes einzelnen Wortes nach seiner Wurzel und seiner Endung erfordert, ist die Bedeutung des Wortes doch erst vom Kontext des Textes her zu erfassen, was das Problem noch zusätzlich verkompliziert. Die gegenwärtige Einstellung zu dieser Frage ist folgende: Ausgehend vom Originaltext fertigt der Datenverarbeiter nacheinander auf jeweils verschiedenen Niveaus Übersetzungen an. Auf einem solcher Niveaus liefert er die Semantik (Gebiet der Linguistik, das sich mit den Bedeutungen sprachlicher Zeichen und Zeichenfolgen befaßt), auf einem anderen zerlegt er die Syntax (Satzbau, Beziehungen der sprachlichen Elemente im Satz), und stellt sie auf die neue Sprache ein und so weiter. Man spricht hierbei von einer «Vermittlungssprache», von der aus der Text in die «Objektsprache» umgesetzt wird. Tatsächlich gibt es Zwischensprachen, welche ein Fachmann auf dem Gebiet des zu übersetzenden Themas gut beherrschen kann. Die Futurologen glauben, daß in den 80er Jahren die automatisierte Übersetzung verwirklicht sein wird.

Datenverarbeitung und Technik Im Bereich der angewandten Technik kann die Datenverarbeitung unersetzliche Dienste erweisen, und zwar vor allem indem sie die Menschen von rudimentären und umständlichen, ja, sogar anstrengenden Aufgaben befreit, so daß sie sich schöpferischeren und befriedigen-

Eine Fertigungsplanung nimmt oft nicht nur die Konstruktion technischer Daten voraus, sondern auch die Bedingungen, unter denen ein Projekt ausgeführt wird: es müssen alle später nötigen Tätigkeiten erfaßt werden, zusammen mit ihrer gegenseitigen Abhängigkeit und unter der Bedingung angenommener zeitlicher Werte werden alle notwendigen und zugleich die wirtschaftlichsten Arbeitsschritte ermittelt. Die grafische Darstellung dieses Verfahrens erfolgt in Netzplänen, man bezeichnet es deshalb als Netzplantechnik; komplizierte Netzplansysteme, z. B. im Flugzeugbau, werden von EDV-Anlagen ausgewertet.

deren Tätigkeiten zuwenden können. Am ehesten läßt sich dieses Ziel im Bereich der Produktion, im Betrieb erreichen. In diesem Zusammenhang ist von «Verfahrenskontrolle und numerischer Steuerung der Werkzeugmaschinen» die Rede. Bei der sogenannten Verfahrenskontrolle werden im Betrieb eine Reihe

Daten können in Form von Texten, aber auch in Konstruktionszeichnungen durch programmgesteuerte Kathodenstrahlen auf Sichtgeräten erscheinen (das sind Bildschirme, die zur Ein- und Ausgabe von Daten dienen). Die Eingabe erfolgt meist über eine Tastatur, es ist aber auch möglich, mit Hilfe eines Lichtgriffels, wie rechts, Änderungen an einem in der Anlage befindlichen Programm vorzunehmen.

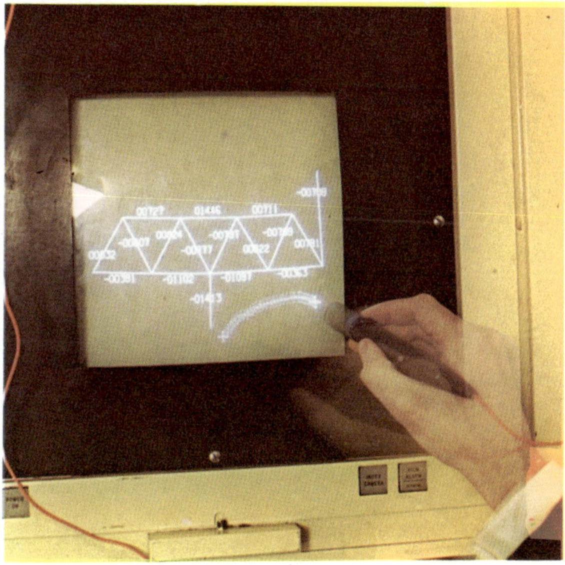

von Sensoren angebracht, die zum Beispiel Temperaturen, den Druck sowie andere physikalische Variablen messen und an den Datenverarbeiter weitergeben. Dieser wird nun zum eigentlichen Steuer des Verfahrens, und zwar indem er Schalter, Ventile, Schleusen ... öffnet oder schließt und auf diese Weise schließlich mittels besonderer Peripheriegeräte teilweise oder gänzlich den Produktionsprozeß reguliert. So können zum Beispiel der Qualitätsindex oder die Sicherheit am Arbeitsplatz gesteigert und außerdem Planung und Kontrolle der Produktion automatisiert und konzentriert werden.

Es gibt auch Datenverarbeiter, die auf einem konkreteren Niveau der Produktion die Information über die geometrischen Merkmale eines Maschinenteils und über die physikalischen Merkmale von dessen Herstellungsvorgang bekommen und dann auf einer Lochkarte, die mit allen nötigen Anweisungen versehen ist, ein Programm entwickeln. Zum Beispiel: wie soll das Maschinenteil angebracht werden, wie soll sich dieses oder jenes Werkzeug bewegen, mit welcher Schneidegeschwindigkeit ... Danach geht dieses Programm in die Werkzeugmaschine über, welche über einen Ableser für Lochkarten verfügt. Die Maschine wiederholt beim Herstellungsvorgang genau die Anweisungen des Programms. Diese Verwendungsart der Datenverarbeitung kann für andere Gebiete der Technik verallgemeinert werden: Der Datenverarbeiter kann beim Entwurf oder bei der Herstellung der Einzelteile oder des Gesamtprodukts behilflich sein.

Die oben erwähnte Technik der Simulation kann auch beim Entwurf – wenn auch auf mehr spezifische Weise – angewandt werden. So erübrigt sich zum Bei-

Unter die Steuerungsaufgaben der EDV fällt die Regelung des Bahnverkehrs mit Datenfernverarbeitungssystemen: die Aufgabenbereiche sind Fahrplanerstellung, Auskünfte (Fahrpläne ausdrucken, Verbindungen und Verspätungen nennen), Platzreservierung, zentrale Lenkung des Verkehrs – z. B. auch des Güterverkehrs eines Landes. Geplant wird der Verkehrsfluß einer bestimmten Anzahl von Lokomotiven und Waggons auf einem weitverzweigten Streckennetz bestimmter Länge. Die Steuerung reguliert eine größtmögliche Nachfrage nach den Dienstleistungen der Eisenbahn und eine optimale Ausnutzung ihrer Kapazität bei geringstmöglichem Leerlauf. Sie muß bei unterschiedlicher Belastung jeder Stelle des Betriebsnetzes durch zeitliche und räumliche Schwankungen des Verkehrsaufkommens über Stauungen und zu große Lücken wachen. Die Erfassung der dazu benötigten Informationen erfolgt dezentralisiert über die Speichereinheiten bestimmter Bahnhöfe (meist auf Lochkartenstreifen), die an das Telex-Netz und das zentrale Computersystem angeschlossen sind.

9 56

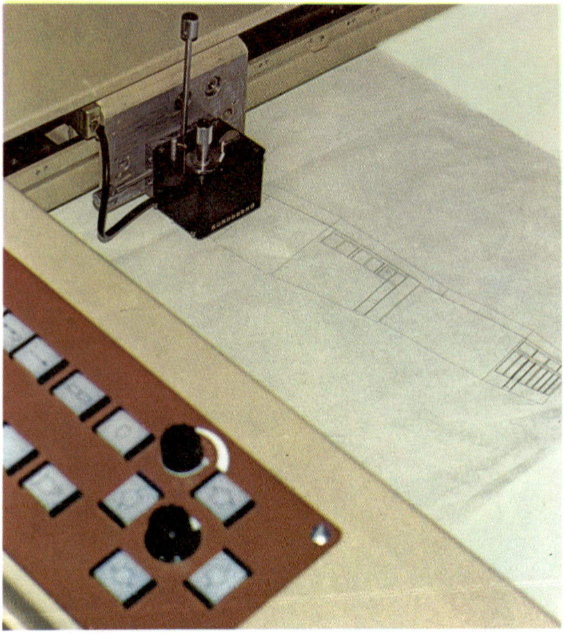

Zur Anfertigung präzisester technischer Zeichnungen nach Normen und auch zur Veranschaulichung abstrakter Zahlenwerte aus Statistiken und Meßergebnissen werden rechnergesteuerte Zeichenmaschinen, Plotter genannt, eingesetzt. Ein Zeichenkopf wird, programmgesteuert von Weginformationen, von zwei Schienen in die x- und y-Richtung des Koordinatensystems geführt, Schaltinformationen befehlen ihm, sich zu heben oder zu senken.

spiel sogar beim Entwurf eines Flugzeugflügels das analoge Modell, das heißt die Arbeit an einem verkleinerten Modell, welches Luftströmungen unter verschiedenen Bedingungen ausgesetzt wird. An seine Stelle tritt der automatisierte Entwurf: Man gibt dem Datenverarbeiter die Merkmale des Flugzeugflügels ein. Mittels eines mathematischen Modells kann man dann die atmosphärischen Bedingungen simulieren, ohne das verkleinerte Baumodell anwenden zu müssen. Dieses Verfahren erweist sich als besonders nützlich in der Architektur. Von einem streng technischen Standpunkt aus gesehen bedeutet es schon nichts Außergewöhnliches mehr, wenn in der Praxis der Datenverarbeiter Bauentwürfe vornimmt und die Berechnungen dazu macht, damit das Gebäude für eine bestimmte Traglast geeignet sein wird. Was die Frage der Ästhetik betrifft, so genügt es, daß man dem Computer die wichtigsten Maße des Gebäudes und das Koordinatensystem des Beobachters eingibt, und schon kann man sich ein Bild von dem Gebäude machen: Der Datenverarbeiter projiziert verschiedene Bilder auf einem Schirm, je nach angenommenem Standort des möglichen Beobachters. Der automatische Entwurf wird auch auf anderen Gebieten angewandt, zum Beispiel beim Trassieren einer Autobahn. Nachdem man dem Datenverarbeiter die wichtigsten Punkte, welche diese durchlaufen muß, und andere entscheidende Daten übermittelt hat, wird er den wirtschaftlichsten Streckenverlauf ermitteln.

Analysiert man die Funktion eines Lehrers in einem bestimmten Unterrichtsfach, so kann man Lehrinhalte auch systematisch in programmierten Lehrbüchern anbieten. Auch ein Computer kann den Lehrer spielen. Er stellt Kontrollfragen, um die Reihenfolge der Lernschritte auszuwählen. Sein Programm muß weit genug gefaßt sein, um in jeder Antwort «richtige Denkansätze erkennen» zu können.

Datenverarbeitung in der Kunst Wir können auch etwas über die Beziehung zwischen der Informatik und der Kunst sagen. Die fortgeschrittenste Anwendung der EDV in der Kunst ist im Bereich der Musik zu suchen, denn die Musiksprache (die Noten und ihre Dauer) lassen sich relativ leicht in Computersprache umsetzen. Bei der Musik müßte man eher von einer Schrift als von einer Komposition sprechen, insofern als der Datenverarbeiter musikalische Themen entwickelt und eine Harmoniekette bildet. Für jede Note und jede Dauer errechnet man die Erscheinungswahrscheinlichkeit, und zwar für jede einzelne Note oder für Zweier-, Dreier-... Kombinationen. Diese Technik hat man beim Komponieren zeitgenössischer Musik angewandt. Normalerweise bedient sich der Komponist des Datenverarbeiters als «Verstärker der Phantasie (Einbildungskraft)», das heißt: der Komponist diktiert dem Datenverarbeiter einige Grundformen der Harmonielehre, und dieser entwickelt mehrere Sequenzen, aus denen der Komponist dann diejenige auswählt, die ihm als die beste erscheint.

Dieses Prinzip kann auch bei der bildenden Kunst verwendet werden. Am häufigsten kommt das Malen mit Hilfe des Computers vor, es geschieht mittels besonderer, auf fortlaufendes Zeichnen eingestellter Peripheriegeräte (Entwerfer). Es sind sogar Ausstellungen dieser Art Malerei gemacht worden. Zu diesem Zweck wird der Computer mit Programmen versorgt, die hauptsächlich auf sehr bestimmte mathematischen Funktionen oder auf geometrischen, nach Wahrscheinlichkeiten veränderbaren Formen beruhen. Aus den verschiedenen Variationen dieser Modelle ergeben sich höchst spektakuläre Formen und Perspektiven, welche selbst die Hersteller der Programme sehr häufig in Erstaunen versetzen.

Andere Anwendungsgebiete Die Kostenverringerung von Terminals hat bewirkt, daß die Informatik mit Erfolg in den Ausbildungsbereich eindrang. Das Ergebnis davon trägt das berühmte Abkürzungszeichen: CAI (Computer Assisted Instruction = computergesteuerte Ausbildung). Der Schüler setzt sich vor einen Bildschirm wie vor den Fernseher. Der Computer führt ihm die Lektionen vor und stellt ihm Fragen dazu, die der Schüler bequem von seinem Sitz aus beantwortet, indem er mit einem Spezialbleistift die von ihm gewählte Antwort auf dem Schirm nur anzukreuzen braucht. Im Computer läuft ein Text der «programmierten Ausbildung» über das behandelte Thema ab.

Diese Form des Unterrichts ist nach einem konservativen Schema der Pädagogik ausgerichtet: Man schreitet durch eine Lektion fort, indem man die gezielten Ergebnisse genau kontrolliert, so daß neue Themen erst eingeführt werden, wenn die vorangegangenen ganz und gar begriffen wurden. Diese Technik läßt zwar verschiedene Kritiken zu: falsche Bewertung des zu unterrichtenden Faches, Überbewertung des Schülers, übermäßige Vereinfachungen... Offensichtlich kann sie aber eine große Hilfe für den Lehrer sein. Sehr konkrete Aspekte einer Lektion können vom Computer übernommen werden. Befreit von dieser Last kann der Lehrer seine Aufmerksamkeit auf wichtigere Aufgaben konzentrieren, wie die Einrahmung des Themas, Verallgemeinerungen, Schlußfolgerungen und vor allem die unmittelbare Arbeit mit dem Schüler durch zusätzliche, mehr auf den einzelnen ausgerichtete Erläuterungen.

Der elektronische Datenverarbeiter ist bis in die Krankenhäuser vorgedrungen. Mit seiner Hilfe lassen sich die Lebensfunktionen der Patienten wirksam kontrollieren und die Betreuungsarbeiten des ganzen Krankenhauses zentralisieren. Im Bereich der Medizin wird die größte Hoffnung auf seine Anwendung in der automatischen Diagnostik gesetzt. Der Computer wird mit der Krankengeschichte oder auch mit den Krankheitssymptomen «gefüttert». Unter den möglichen Krankheiten, die er in seinem Speicher zusammengetragen hat, erkundet er systematisch und wählt der Wahrscheinlichkeitserwartung nach eine geringe Anzahl von Diagnosen und die jeweils entsprechenden Therapien aus, nach welchen dann der Arzt seine Entscheidung ausrichtet.

Auch die automatisierten Bibliotheken erweisen der Medizin einen großen Dienst. Ebenfalls das mechanisierte Krankheitsregister einer Bevölkerung, mit dessen Hilfe sich Krankheitsursachen und Epidemien feststellen und die Entwicklung der vorbeugenden Medizin insgesamt potenzieren lassen. Letztere gewinnt von Tag zu Tag an Bedeutung.

In diesem großen Anwendungsspektrum der Informatik kann auch der Be-

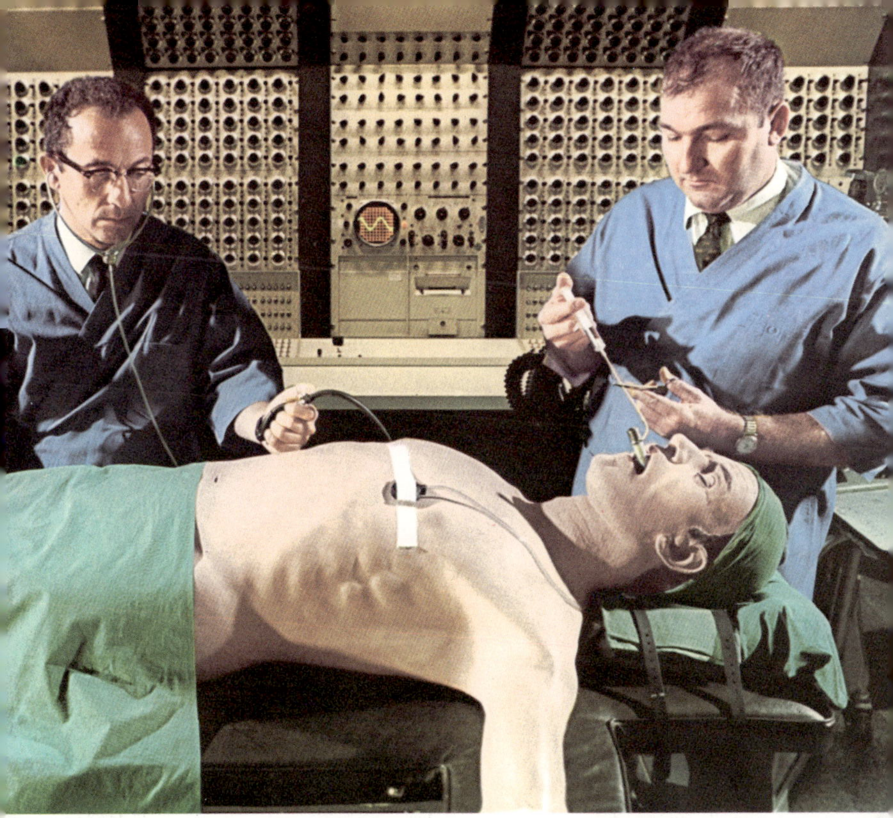

Die Anwendung der EDV in der Medizin dient der Automatisierung und Rationalisierung von klinischer Untersuchung und Verwaltung, als Diagnose- und Therapiehilfe sowie als Hilfsmittel in der Forschung.

reich des Verlagswesens, zum Beispiel der Umbrucharbeiten, seinen Platz finden. Durch den Einsatz von Computern können auf automatisiertem Wege Texte optimal auf der Druckfläche verteilt werden. Im Verkehrswesen kann man durch den Einsatz von «Sensoren» an bestimmten Schlüsselstellungen die Dichte des Stadtverkehrs analysieren und die Verkehrsampeln steuern, so daß eine möglichst große Verkehrsflüssigkeit und -flexibilität erreicht wird.

Die wirklichen Einsatzbereiche Die Schlußfolgerung aus dem Vorhergesagten ist, daß die Datenverarbeitung dem Menschen von großem Nutzen sein kann. Sie läßt sich in fast allen Bereichen der menschlichen Tätigkeiten einsetzen. Das Ziel dabei ist immer das gleiche: die Befreiung des Menschen von routinemäßigen und unangenehmen Aufgaben.

Dennoch stellen die genannten Anwendungsmöglichkeiten nicht mehr als 10 % oder 15 % des tatsächlichen Gebrauchs der vorhandenen Datenverarbeiter dar. Diese Aufgaben, die für den Menschen so entlastende Auswirkungen haben können, werden hauptsächlich an Universitäten, in Forschungszentren und nur selten in einem Produktionszentrum ausgeführt. Der hauptsächliche Verwendungszweck der Computer in der kapitalistischen Gesellschaft ist die Geschäftsführung. In den westlichen Gesellschaften liegen die meisten Anwendungsgebiete von Computern im Bereich der Erledigung von finanziellen oder einfach bürokratischen Angelegenheiten: wie zum Beispiel das Rechnungswesen, das Kontokorrent, die Handelsstatistiken ... So sieht auch das Bild der klassischen Datenverarbeitung aus, dem der Leser normalerweise begegnet. Die Tatsache, daß es sich um routinemäßige Aufgaben handelt, die durch den Datenverarbeiter erleichtert werden, ist nicht zu leugnen. Wirkt sich nun diese erhöhte Leistung zugunsten aller Menschen aus? Obgleich eine gut organisierte Geschäftsführung positiv zu bewerten ist, warum wird dann aber diese sehr kostspielige Informatik

Ein mit einem Kleinrechner ausgerüsteter Bürobetrieb. Die eingetippten Daten werden von einem Speicher an anderer Stelle aufgenommen, der sie nach dem vorgegebenen Unternehmensprogramm ordnet und bearbeitet.

nicht vor allem für Aufgaben mit größerer sozialer Relevanz eingesetzt, zum Beispiel für die Überwachung vor Produktionsprozessen, die automatische Diagnose...? Solange sich die Mechanismen der ökonomischen Steuerung in den Händen nur weniger befinden, wird es schwerlich gelingen, solche Aufwendungen in Bereichen wirksam werden zu lassen, die für das Allgemeinwohl vieler die größte Bedeutung haben.

Die Verwendungszwecke der Datenverarbeitung weisen in bezug auf ihre endgültige Einstellung für den praktischen Einsatz in den meisten Fällen eine gewisse Unreife auf. Der Grund dafür ist, daß die ökonomischen Aufwendungen für Verwendungen dieser Art sehr beschränkt sind im Vergleich zu den Summen, die für den Einsatz in der Geschäftsführung zur Verfügung gestellt werden, was natürlich zu einer höheren Entwicklung in diesem Bereich geführt hat. Als Beispiel kann man die integrierten Systeme innerhalb der Unternehmensleitung erwähnen, mit deren Hilfe sich umfassend und vollautomatisch Arbeitsbereiche wie Produktion, Lagerung von Rohstoffen und Fertigprodukten oder Buchführung steuern lassen. Auf einer anspruchsvolleren Ebene ist das Beispiel der Flugkartenbuchung bei Fluggesellschaften anzuführen. Die Ticketvergabe wird auf diese Weise innerhalb eines ganzen Landes oder sogar in mehreren Ländern zugleich kontrolliert und verwaltet. Als Nebenprodukte werden dabei außerdem noch folgende Tätigkeiten durchgeführt: Kontrolle der Passagiere bei jedem Flug, Zuteilung der Geldbezüge an die Besatzungsmitglieder oder Materialversorgung für jedes Flugzeug. Die Komplexität dieser Aufgabe entgeht dem Leser sicherlich nicht. Um solche Ziele zu erreichen, verfügt man über ein Netz von Terminals, die an einen Zentralcomputer von großer Kapazität angeschlossen werden. Mittels seiner Platten- oder Magnettrommelspeicher sammelt er die Flugdaten (Flugorte, -zeit, Flugzeugtyp), die Buchungsdaten und die verkauften Tickets (mit Flugzielen und Namen der Passagiere)... Durch die Betätigung eines mit einem Bildschirm versehenen Terminals ist der Datenverarbeiter imstande, in nur wenigen Sekunden Fragen bezüglich der Flugziele, der nicht gebuchten Plätze und deren Merkmale, ferner Umbuchungen und Buchungen neuer Passagiere zu beantworten. Alle Vereinbarungen werden unmittelbar in den Plattenspeichern des Computers registriert. Auf diese Weise ist es an jedem Standort des Netzes möglich, Auskünfte über den neuesten Stand der Flüge einzuholen und mögliche, auf Grund von hinfälligen Informationen entstandene Irrtümer zu vermeiden.

Computer mit ähnlich hohem Grad an Kapazität und Komplexität werden auch im Bankwesen – dem wichtigsten Benutzer von Datenverarbeitern in der Konsumgesellschaft überhaupt – eingesetzt. In der gewöhnlichen Praxis unterhält eine Bank ein ganzes Netz von Terminals in sämtlichen Filialen eines Gebietes; auf diese Weise können die abgewickelten Geschäfte sofort registriert und die Entwicklung in den Filialen von der Zentrale aus genau verfolgt und überwacht werden. Der Erfolg dieser Erfahrung war so groß, daß man ein Informationsnetz, welches eine weltweite Verbindung zwischen den Banken herstellt, eingerichtet hat. Über 200 Banken in Europa und den USA, später auch in Japan, stehen damit untereinander in Verbindung. Diese Informationsnetze stellen eine Art Wunder der Datenverarbeitung dar. Ein anderes internationales Netz zur Benutzung von Bibliotheken zum Beispiel, durch welches jeder technische Fortschritt unmittelbare Verbreitung finden könnte, wäre sicher auch von größtem Nutzen für die Menschheit.

Informatik und Unternehmen Im Jahre 1949 kalkulierten nordamerikanische Wissenschaftler, daß ein gutes Dutzend von Datenverarbeitern ausreichen würde, um den Bedarf an Information und wissenschaftlicher Kalkulation in ihrem Land zu decken. Eine im Jahr 1955 von IBM durchgeführte Marktstudie ergab, daß zehn Jahre später bereits an die 4000 Datenverbeiter in Betrieb waren. 1973 betrug die Zahl der Datenverarbeiter auf der ganzen Welt 45 000, von denen sich allein 37 000 in den Vereinigten Staaten befinden.

Es gibt viele Gründe, um die Fehleinschätzungen zu erklären. Der plausibelste scheint die Außerachtlassung der massiven Verwendung der Datenverarbeiter in den Unternehmen zu sein, Institutionen, die bei uns im Mittelpunkt des wirtschaftlichen Lebens stehen. Tatsächlich verdankt der Datenverarbeiter seine Bekanntheit der Verwendung in industriellen und kommerziellen Geschäftsunternehmen und seiner ungeheuren wirtschaftlichen Bedeutung in der modernen Welt.

Zur Zeit besteht ein starkes Gefälle in dem Gebrauchsniveau der Datenverarbeiter in den Unternehmen. Während einige Firmen, meist die multinationalen, mit hoher wirtschaftlicher Leistungsfähigkeit ein hohes Auswertungsniveau erreicht haben, steckt der Großteil der Unternehmen noch in den ersten aufwendigen Anfängen, und zwar in einem solchen Ausmaß, daß die Rentabilität der meisten Datenverarbeitungsanlagen fraglich ist.

Man kann den theoretischen Prozeß hin zu einer völlig mechanisierten Verwaltung eines Unternehmens in drei Phasen aufgliedern: zunächst die *Erarbeitung des Materials*, dann die *Eingliederung der Information* und schließlich die Verwendung des Datenverarbeiters für die *integrierte Verwaltung des Unternehmens* unter Zuhilfenahme modernster Technik.

Die *Erarbeitung des Materials* ist die Eingangsphase und zugleich die am besten untersuchte. In dieser Phase geht es darum, mittels des Datenverarbeiters die große Anzahl von Dokumenten (Rechnungen, Lohnabrechnungsblätter) anzufertigen, die bisher manuell bearbeitet wurden. Was bislang eine große Anzahl von Stenotypistinnen oder andere Verwaltungsbeamte bearbeiteten, wird

---

«Es ist verständlich, daß fünfzehn Jahre nach einer massiven Verwendung der Datenverarbeiter in der Geschäftswelt relativ wenig Veränderungen eingetreten sind. Dies gilt sowohl für die Vereinigten Staaten als auch für Europa.»
CLAUDINE MARENCO

Die täglich anfallenden Arbeiten der Weltraumforschung – Planung, Steuerung, Überwachung und Auswertung, besonders in der Arbeit mit Forschungssatelliten – sind ohne Prozeßrechner nicht denkbar.

jetzt von einem mit dem Datenverarbeiter verbundenen Schnelldruck ausgeführt. Dabei stellen sich normalerweise keine größeren Probleme. Viele Fachleute gehen davon aus, daß ein Datenverarbeiter, der nur für solche Zwecke gebraucht wird, nicht voll ausgelastet ist. Tatsächlich wird der Großteil der Datenverarbeiter für solche Routinetechniken eingesetzt. Eine Umfrage aus dem Jahr 1972, die bei 1200 nordamerikanischen Geschäftsunternehmen im Großraum New York durchgeführt wurde, ergab, daß in 80 % der Firmen die Datenverarbeiter nur zu Routinearbeiten eingesetzt wurden und nur bei den übrigen 20 % für Aufgaben von größerer Spannweite.

Trotzdem ist die erste Phase ein Vorgang von großer Bedeutung. Sie ist gleichzeitig die Grundlage für spätere Aktionen, wie die Übertragung der Geschäftskarteien auf Tonbänder oder Platten.

Um die Grundzüge der Arbeiten zu verstehen, die ein Datenverarbeiter in dieser Phase ausführt, dient die Rechnungsausstellung als Beispiel. Es handelt sich darum, in periodischen Abständen die entsprechenden Rechnungen zu den ausgeführten Bestellungen der Kunden in dem Zeitraum vor der Abrechnung durchzuführen. Zur Verdeutlichung wollen wir die Aufstellung einer Rechnung betrachten. Dazu wird der Datenverarbeiter mit den folgenden Abteilungen verbunden: a) der Kundenkartei, in der sich neben der Nummer jedes Kunden sein

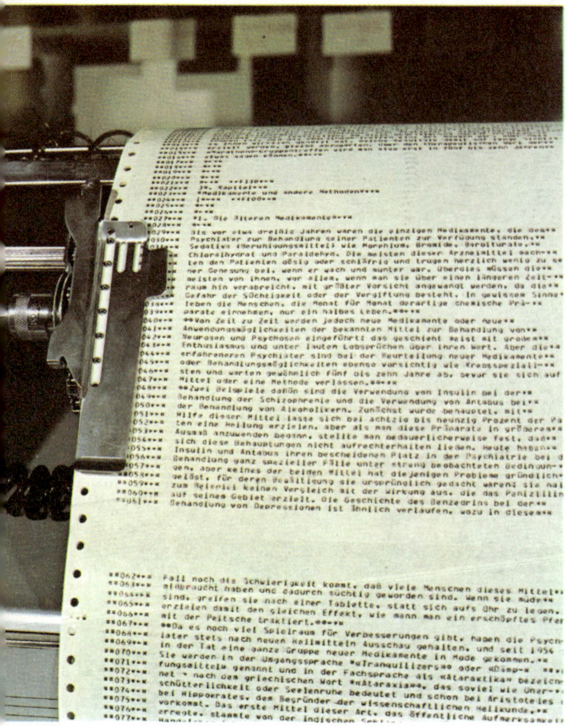

Schon 1962 ermöglichte eine EDV-Technologie noch ohne den integrierten Schaltkreis eine Rechengeschwindigkeit von 160 000 Instruktionen pro Sekunde, heute liegt diese Zahl bei 4,7 Mio. Die immer noch vergleichsweise aufwendige Mechanik beim Ausdrucken der Daten mit dem Kettendrucker (links) ermöglicht im Gegensatz zu ihrer Verarbeitung im Höchstfall «nur» eine Zahl von ca. 15 Mio. Zeichen pro Stunde. Das schnellste Ausgabegerät heute ist der Laserdrucker mit 7000 Seiten pro Stunde, das sind etwa 130 Mio. Zeichen. Rechte Seite: Schema einer programmierten Rechnungserstellung.

Firmenname und die vollständige Anschrift befinden; b) der Warenkartei, in der die Geschäftsnummer, die genaue Bezeichnung jedes Produktes und der Preis pro Einheit enthalten sind; c) den Karteikarten, die sich wiederum in zwei Gruppen aufteilen lassen – eine Steckkarte, in der das Buchungsdatum einzelner Rechnungen und die Nummer der ersten in dem entsprechenden Zeitraum getätigten Rechnung enthalten ist/Angaben einzelner Daten; d) und schließlich mit der Druckmaschine, von der die Rechnungen zu Papier gebracht werden.

Außerdem muß der Zentralen Einheit das entsprechende Rechnungsprogramm übermittelt werden.

Welchen Aufgabenbereich umfaßt das Programm?

Zunächst wird die Steckkarte gelesen und aufgenommen, um ihren Inhalt auf alle Rechnungen zu drucken. Dasselbe geschieht mit der ersten Rechnungsnummer. Es handelt sich dabei um die Nummer der ersten ausgestellten Rechnung, die von dem Programm in dem Maße erhöht wird, wie es zu den übrigen Rechnungen übergeht. Danach geht das Programm zur Rechnungserstellung über. Dazu werden die Karteikarten gelesen, die nach der entsprechenden

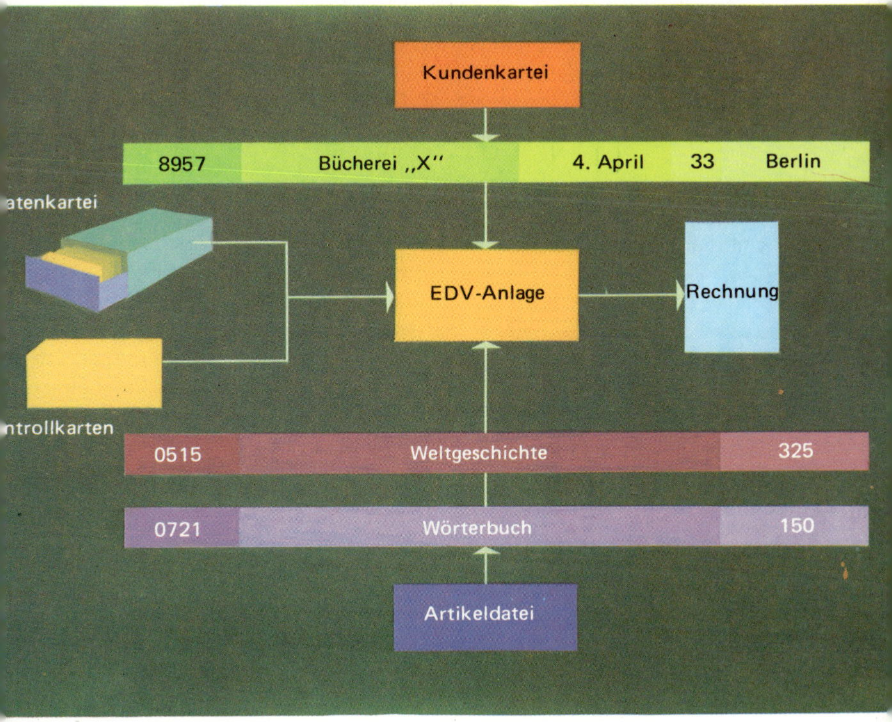

Nummer jedes Kunden nach einer Bestellungsnummer geordnet sind. Die Karteikarten enthalten: a) die Nummer des Kunden, mit der das entsprechende Register in der Kartei gelesen werden kann. So kann das Programm die Namensbezeichnung des Kunden und seine Anschrift erfahren und auf die Rechnung drukken; b) die Bestellnummer, die ebenfalls auf die Rechnung eingetragen wird; c) die Bezeichnung des Artikels und die Zahl der Bestellungen. Durch diesen Hinweis gelangt das Programm zum Warenregister und kann die genaue Bezeichnung und den Preis pro Einheit drucken. Das Programm seinerseits führt die Multiplikation der Einzelpreise entsprechend der geforderten Anzahl durch und errechnet die Gesamtsumme. So wird mit jeder Karteikarte verfahren. Wenn das Programm einen Kundenwechsel entdeckt oder eine Bestellungsänderung, wird automatisch der Gesamtbetrag errechnet, aufgezeichnet und anschließend zur nächsten Rechnung übergegangen.

Die Arbeit eines Unternehmens mit mechanisierter Rechnungsaufstellung beschränkt sich darauf, die Kunden- und Warenkartei auf dem neuesten Stand zu halten und Kontroll- und Datenkarten zu warten und zu perforieren. Die manuelle Arbeit wird dadurch sehr vereinfacht, und ein Datenverarbeiter mittlerer Größenordnung kann Tausende von Rechnungen in einer Stunde erstellen.

Bei den größtenteils mechanisierten Aufgaben in dieser Phase handelt es sich um die Bearbeitung von: Namensverzeichnissen, der Kunden- und Zuliefererbuchführung, der Hauptbuchhaltung, Rechnungserstellungen und schließlich der Lagerübersicht und verschiedener Statistiken.

Einige Unternehmen nehmen komplexe Probleme in Angriff wie Planung und Produktionskontrolle, Entwürfe von Absatzprojekten sowie finanzielle und wirtschaftliche Vorausberechnungen.

Während dieser ersten Phase müssen für jeden der erwähnten Schritte entsprechende und spezielle Karteien eingerichtet und unterhalten werden.

Die zweite mechanisierte Phase betrifft die Eingliederung der Information. Die Notwendigkeit, über eine Vielfalt von Karteien zu verfügen, führt dazu, daß viele Daten mehrmals registriert und aktualisiert werden. Hauptaufgabe dieser zweiten Phase ist, dafür zu sorgen, daß jede Information nur einmal aufgenommen wird. Es geht darum, einen unnötigen Arbeitsgang auszuschalten und gleichzeitig die notwendigen Kosten für den Unterhalt der zahlreichen Karteien zu senken. Man kann sich vorstellen, daß die Programme, die sich mit der Lagerübersicht, der Rechnungserstellung und der Produktionskontrolle befassen, ebenso auf ein einziges Warenregister zurückgreifen können, wie die Programme der Kundenbuchführung, die Entwürfe von Vertriebsnetzen oder die Rechnungserstellung über eine einzige Kundenkartei verfügen. Man ist übereingekommen, diese zentralen Karteien als *Datenbanken* zu bezeichnen.

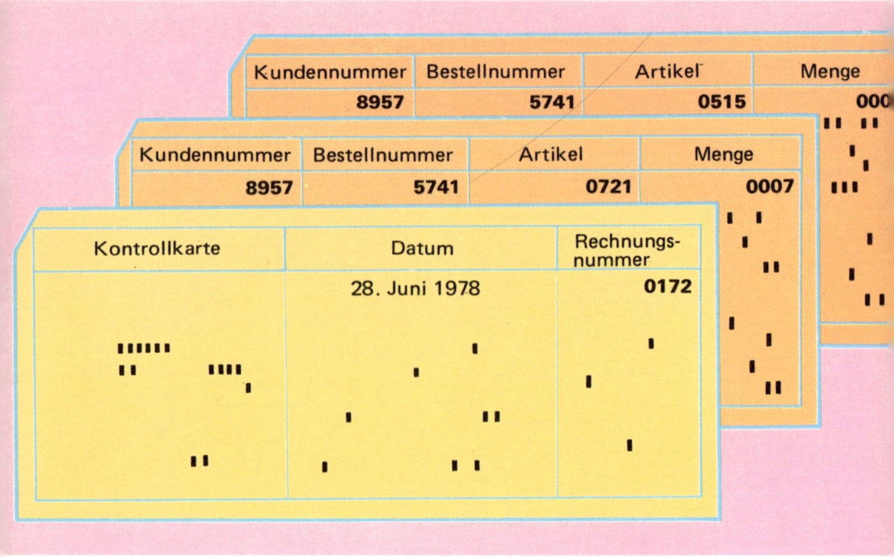

Bild oben: ein elektronischer Rechnungsschreiber, wie er auch in kleineren Unternehmen Anwendung findet (linke Seite: das Schema der Eingabe-Lochkarten als Datenträger). Die manuelle Datenerfassung, die bisher hauptsächlich weiblichen Schreibkräften vorbehalten war, wird zunehmend von elektronischen Datenverarbeitern rationalisiert. Der DGB hält 3 Mio. Korrespondentenplätze und 2 Mio. Schreibplätze für einsparungsbedroht (G. Kübler in der FR vom 31. 12. 1976).

Nachdem die *Eingliederung der Information* einmal abgeschlossen ist, beginnt man parallel dazu mit der dritten Phase: der *integrierten Verwaltung des Unternehmens*. In ihr geht es darum, vermittels adäquater Programme die vielfältigen Verbindungen zwischen den verschiedenen Gebieten und Funktionen innerhalb des Unternehmens auszuschöpfen, um schließlich über ein Funktionsmodell der Einheit zu verfügen, das der Wirklichkeit möglichst nahekommt. Techniken dieser Art werden unter der Sammelbezeichnung MIS (Informationssysteme für die Unternehmensführung) entwickelt.

Bei der Ausarbeitung stellen sich allerdings zahlreiche Schwierigkeiten. Um zu einigermaßen akzeptablen Ergebnissen zu gelangen, sind vorherige große Investitionen nötig, die zumeist nur von Großunternehmen geleistet werden können. Trotzdem lösen diese Investitionen nicht ein theoretisch-praktisches Problem von höchster Bedeutung: Es genügt nicht allein, die Beziehungen innerhalb des Unternehmens aufzuzeigen. Darüber hinaus wäre es nötig, die Beziehungen zwischen dem Unternehmen und seiner Umgebung zu untersuchen. Diese würden jedoch einen viel höheren Grad an Komplexität darstellen als das Unternehmen selbst. Die politischen und sozio-ökonomischen Charakteristiken bedingen zu einem großen Teil den Gang der Unternehmen. Trotz der zahlreichen Bestrebungen, eine Theorie zu finden, um diese Charakteristiken zu erklären, macht der Grad der ökonomischen Irrationalität des kapitalistischen Systems solche Versuche praktisch unmöglich. Vielleicht ist das der eigentliche Grund für die vielen Mißerfolge bei dem Gebrauch der Techniken des MIS. Eine jüngst in den Vereinigten Staaten durchgeführte Umfrage bestätigt diese Annahme. Ihren Ergebnissen zufolge greifen weniger als 2 % der leitenden Angestellten bei wichtigen Entscheidungen des Unternehmens auf den Datenverarbeiter zurück.

Die Überwachung von Prozessen Oben wurde erklärt, wie sich die Überwachung von Prozessen aus der Koppelung eines Datenverarbeiters mit einem

Die Arbeit von Rechnern z. B. bei der Energieversorgung oder in Raffinerien (links) besteht in der ständigen Überwachung von Meßgeräten und der sofortigen Meldung von Grenzwertüberschreitungen.
Rechts: Fragen und Antworten im «Dialog mit dem Rechner» können nur so weit gehen wie vom Programm vorherbestimmt.

Produktionsprozeß ergibt, so daß der Datenverarbeiter den Fabrikationsprozeß überwachen und leiten kann. Hierbei befindet man sich tatsächlich auf dem Wege zu völlig automatisierten Fabriken. Neben dem auf administrativem Gebiet eingesetzten Datenverarbeiter gibt es den Datenverarbeiter im Produktionsprozeß. Die Bemühungen auf diesem Gebiet sind noch sehr gering. Nur 2 % bis 3 % der Gesamtinvestition in die Informatik wird für die Überwachung von Prozessen ausgegeben. Am weitesten fortgeschritten ist der Einsatz bei großen Chemiewerken, in Petroleumraffinerien, in der Zementverarbeitung und bei verschiedenen anderen hochspezialisierten Arbeiten. Dabei liegt es in diesen Fällen sicherlich daran, daß die menschliche Kontrolle nicht ausreicht, um die notwendige Perfektion einzuhalten.

EDV und Arbeitsmarkt Es sind bereits einige, wenn auch nicht sehr umfangreiche soziologische Untersuchungen über die Auswirkungen einer massiven Verwendung der elektronischen Datenverarbeiter auf den Arbeitsmarkt vorhanden.

Normalerweise ruft die bevorstehende Einführung von Datenverarbeitern organisierte Abwehrbewegungen von seiten der Lohnabhängigen hervor, die ihren Arbeitsplatz gefährdet und sich selbst von einer nahenden Arbeitslosigkeit bedroht sehen. Obwohl die Informatik in der Öffentlichkeit immer als die mögliche Ursache für eine drastische Reduzierung der Arbeitsplätze dargestellt wurde, ist diese Annahme nicht eingetreten. Das ist nur natürlich. Wir haben bereits gesehen, daß die Anwendung der Datenverarbeiter selektiv vor sich geht. Sie werden massiv für Verwaltungsaufgaben eingesetzt, aber kaum im Produktionsbereich. Außerdem ist die Gesellschaft keineswegs darauf vorbereitet, sich in die verhei-

370

ßene Freizeitgesellschaft zu verwandeln. Das Problem der Arbeitslosigkeit und der Inflation wird immer gravierender, so daß in der jetzigen Situation ein plötzliches Absinken des Beschäftigungsniveaus eine zusätzliche Katastrophe bedeuten würde. Die französische Soziologin Claudine Marenco faßt es folgendermaßen zusammen: «Zwanzig Jahre nach ihrer Einführung hat die Informatik weder eine Verbesserung der Arbeitsbedingungen noch eine Verringerung der Arbeitszeit bewirkt.»

Trotzdem kann man einige besondere Charakteristiken im Bereich der Verwaltungsbeamten und der mittleren Angestellten feststellen. Ida R. Hoss kommt in einer Fallstudie, die er in 200 kalifornischen Industrieunternehmen durchgeführt hat, zu folgendem Ergebnis: Nach der massiven Einführung von Datenverarbeitern kommt es zu einer Verminderung von 4 % bis 1 % in dem normalen Wachstumsrhythmus der Zahl der Verwaltungsbeamten. Der Grund liegt auf der Hand. Nachdem die Produktion einmal mechanisiert worden ist, schlägt sich

Viele Arbeitsgänge, für die früher Arbeitskraft, Aufmerksamkeit, Entscheidungen und Zusammenarbeit vieler notwendig waren, können bei dem Einsatz von EDV heute von wenigen Technikern ausgeführt werden. Links z. B. bedient ein Ingenieur die Kontrollstation einer Papierfabrik in Wisconsin, USA.

der erhebliche Anstieg, was die Zahl und den Umfang der verarbeiteten Dokumente angeht, nicht direkt in einer höheren Nachfrage nach investierter Arbeitszeit nieder. Einige Probleme haben sich durch Beschwerden der Belegschaft ergeben, sie sind jedoch geringfügig. Zumeist wird lediglich eine Routinearbeit gegen die andere gewechselt, etwa wenn man vom Maschineschreiben zur Perforierung von Karteikarten übergeht. Bei den mittleren Angestellten haben sich mehr Probleme ergeben. In einem nicht mechanisierten Unternehmen verfügen die mittleren Angestellten über einen Teil der Information und der verwaltungstechnischen Verfahren. Bei nichtmechanisierten Betrieben kann das Verschwinden eines Angestellten eine Menge Unruhe in den normalen Ablauf des Unternehmens herbeiführen, weil zumeist nur er über diese Informationen und Verfahrenskenntnisse verfügt. Der Datenverarbeiter verringert durch den weiten und selektiven Informationsfluß, der durch die Mechanisierung und Standardisierung der Prozesse hervorgerufen wird, in gewisser Weise die Verantwortung dieser mittleren Angestellten, indem er ihnen das Gefühl der Unentbehrlichkeit nimmt, in dem sie sich wähnten. Daher geht meist der größte Widerstand gegen die Mechanisierung eines Unternehmens von den mittleren Angestellten aus.

Die neuen Berufe In der Öffentlichkeit und in Erklärungsanweisungen der Datenverarbeiter finden sich bunte Aufnahmen, auf denen elegante Personen abgebildet sind: die Informatiker. Kino, Fernsehen und die öffentlichen Medien insgesamt haben dazu beigetragen, ein gefälliges Image entstehen zu lassen, demzufolge die Informatiker eine eigene Welt verkörpern, sozusagen als Vorhut einer postindustriellen Gesellschaft. Tatsächlich präfigurieren die Fachmänner, die im Bereich der Datenverarbeitung tätig sind, in gewisser Weise die zukünftige Arbeitswelt in einer hochtechnifizierten Gesellschaft, jedoch nicht so, wie sie oft in den Medien dargestellt wird.

In jedem Rechenzentrum kann man zwei grundsätzliche Kategorien von Angestellten unterscheiden:

a) *Analytiker und Programmierer*, die die Aufgabe haben, die Verwaltungsprozesse gründlich zu untersuchen und Programme zu entwerfen, die sie genau wiedergeben. Diese Aufgaben haben einen sichtbaren intellektuellen Anspruch.
b) Die in der *Produktion Beschäftigten*, zu denen zum Beispiel die Perforisten, die Bibliothekare der Karteien und Programme und die Operateure des Datenverarbeiters gehören. Dieser Aufgabenbereich umfaßt Arbeiten mit einem starken Routinecharakter, die sich wenig von den Aufgaben in der traditionellen Verwaltung unterscheiden. Die Beschäftigten in diesem Bereich bilden die überwiegende Mehrzahl des Informatikerpersonals in den Unternehmen.

Bei der Betrachtung dieser neuen Berufe kann man als charakteristischste Merkmale festhalten:

a) *Eine erste Gruppe, in der rein intellektuelle Aktivitäten gefragt sind. Die*

Kenntnisse unterliegen dabei einem schnellen Veralterungsprozeß. Die ungeheure Schnelligkeit, mit der neue Generationen von Datenverarbeitern sowie neue Fachsprachen und Bedienungstechniken auftauchen, führt zu einer schnellen Veralterung der Kenntnisse des Informatikers. Daraus ergibt sich die Notwendigkeit einer permanenten Information und Weiterbildung. Die herkömmlichen Bildungszentren sind nicht in der Lage, dieses Wissen zu vermitteln. Um das dadurch entstandene Defizit auszufüllen, veranstalten die Herstellungsfirmen besondere Kurse, an denen die Angestellten der Firmen teilnehmen, die Datenverarbeiter benutzen oder anschaffen wollen. Auch private Firmen versuchen, die bestehende Marktlücke auszunutzen und bieten zumeist wenig vertrauenerweckende Weiterbildungskurse zu hohen Preisen an. Nicht selten findet man Anzeigen, in denen ein Lehrgang als Analytiker und Programmierer zu einem ungeheuren Preis angeboten wird, während

Unten: Die Arbeit dieses Kontrollzentrums für einen Staudamm in Tennessee, USA, erfolgt mit Hilfe einer EDV-Anlage. Das Ausgabegerät des Computers meldet sich, sobald Grenzwerte erreicht sind, es können Trendberechnungen durchgeführt und Frühwarnungen in Gang gesetzt werden.

Links: In militärischen Einrichtungen macht man sich die Überwachungsfunktion von EDV-Anlagen über Radarketten für Frühwarnsysteme zunutze. Rechte Seite: In großen Industriebetrieben können viele Arbeitsgänge auch aus größerer Entfernung von einem Punkt aus überwacht werden. Diese Aufgabe der EDV heißt Fertigungssteuerung.

gleichzeitig suggeriert wird, daß es sich um eine gute Investition handle. Nach Beendigung des Lehrganges stehen dann den Studenten unangenehme Erfahrungen bei der Arbeitsplatzsuche bevor. Das liegt zum Teil an dem tatsächlichen Mangel an Arbeitsplätzen, aber häufig auch an der schlechten, wenig praxisbezogenen Ausbildung, die die Absolventen erhalten haben.

b) *Eine zweite Gruppe, die aus Hilfsarbeitern besteht.* Die spärlichen Forschungen auf dem Gebiet einer möglichen Automatisierung der Datensammlung führt zu einer unerträglichen Monotonie der Arbeiten in diesem Bereich, besonders bei den Beschäftigten an den Lochstanzmaschinen.

Nachdem anfangs die Unternehmer nicht genau wußten, was für Leistungen man von den Informatikspezialisten erwarten konnte und ihre Löhne weit über dem mittleren Niveau lagen, ist nunmehr eine Stabilisierung eingetreten, die zu einer weitaus geringeren Einschätzung der neuen Spezialisten geführt hat.

Die Rentabilität der EDV Es gibt Fälle, in denen ein Datenverarbeiter aus reinen Prestigegründen angeschafft wird, ohne daß genauere Untersuchungen über den Rentabilitätsgrad des neuen Dienstleistungsbereichs angestellt werden. Der Wettbewerb mit den Konkurrenten und ein Modetrend können dann ausschlaggebende Gründe gewesen sein.

Die Berechnung der Rentabilität eines Datenverarbeiters ist ein schwieriges und wenig untersuchtes Problem. Zunächst hängt sie zu einem großen Teil von dem Gebrauchsniveau und dem Ausmaß der notwendigen Änderungen innerhalb des Unternehmens bei seinem Einbau ab. Nachdem einmal der spektakuläre Anfangsboom vorbei ist, stellen die Unternehmer ernste Überlegungen über die Rentabilität ihrer Informatikeinrichtungen an. Der Datenverarbeiter kann kein normaler Konsumartikel sein.

Nur die großen Gesellschaften können die notwendigen Summen investieren, um die Informatik in ein Instrument mit dem revolutionären Charakter zu verwandeln, den man ihr immer zugesprochen hat. Nach dem unter Informatikern berühmten McKinsey-Gutachten gibt es in den Vereinigten Staaten mehr als 100 Unternehmen, die über 1 Million Dollar im Monat für die Miete von Datenverarbeitern ausgeben, und einige erreichen an die 100 Millionen jährlicher Ausgaben.

Neben diesem weiträumigen Gebrauch sieht die Lage der kleinen und mittleren Unternehmen weniger günstig aus. Selbst wenn sie ein scheinbar rentables Informationssystem haben, können sie sich aus Investitionsgründen nicht von den Systemen, die von den Herstellungsfirmen angeboten werden, unabhängig machen, und sie geraten so in einen kontinuierlichen Standardisierungs- und Abhängigkeitsprozeß, was ihre Verwaltungsverfahren anbelangt. Manche haben hierin die Übernahme des Vormundschafts- und Herrschaftsprinzips, das die großen Banken auf die Unternehmen ausüben, sehen wollen.

Die genaueste Überwachung aller Funktionen in einem Kernreaktor erfolgt durch EDV. Der Multiplikationsfaktor der bei den Kettenreaktionen in der Kernspaltung des Uran freiwerdenden Neutronen muß auf dem Wert 1 gehalten werden. Er wird durch Sicherheitsstäbe, die über Kanälen des Reaktorkerns hängen, automatisch kontrolliert. An vielen Stellen der Reaktoranlage erfolgt eine ständige Temperaturmessung, z. B. damit der Überzug der Spaltstoffstäbe nicht durch Hitze zerstört wird. Außerdem sind überall Warn- und Alarmeinrichtungen angebracht, um gefährliche Dosen radioaktiver Strahlung sofort zu registrieren.

Auswirkungen durch den Einsatz der EDV

Der Mensch, der den Datenverarbeiter zu seinem Nutzen erfunden hat, ist auch der einzig Verantwortliche für den Gebrauch, der von ihm gemacht wird. Es kann durchaus der Fall eintreten, daß der Datenverarbeiter eine negative Auswirkung auf die Menschheit hat. Der Vergleich mit der Atomenergie liegt nahe. Ihr nutzbringender Anwendungsbereich für alle Völker könnte groß sein. Dennoch finden wir bis jetzt fast nur Beispiele, wo die Nuklearenergie als ein Instrument der Zerstörung und des Todes benutzt wurde. Sei es die Aufrüstung mit Kernwaffen oder der Bau von Atomkraftwerken – nicht im Interesse der Menschen, die Energie verbrauchen –, sondern im Interesse der Unternehmen, die an ihr verdienen.

Die steigende Bedeutung der Datenverarbeiter in dem generellen Fortschritt der Menschheit bringt als negative Begleiterscheinung die Gefahr des Gebrauchs für persönliche Interessen hervor. Aus diesem Grunde ist eine erhöhte Aufmerksamkeit der Weltöffentlichkeit auf diesem Gebiet notwendig.

Der Datenverarbeiter und der Krieg Die Regierungen vieler Länder, besonders der Großmächte, benutzen Datenverarbeiter. Ein Großteil von ihnen wird von militärischen oder paramilitärischen Organisationen in Anspruch genommen, wodurch sich der Datenverarbeiter in eine strategische Waffe ersten Ranges verwandelt. Es ist kein Zufall, daß sich unter den Waren in den Vereinigten Staaten, deren Export in sozialistische Länder verboten ist, die Datenverarbeiter mit hoher Leistungsfähigkeit befinden.

Nicht nur wissenschaftliche Forschungsarbeiten ohne Datenverarbeiter sind heute kaum vorstellbar, sondern auch kriegerische Auseinandersetzungen. Während sich in Vietnam ein furchtbarer Krieg abspielte, stellten die USA in Thailand Datenverarbeiter auf. Sie erhielten zwei Informationen vom Kriegsschauplatz und errechneten neue Angriffsformen oder simulierten Heeresbewegungen. Durch den Fortschritt in der Elektronik und in der Anfertigung von mi-

---

«Wir können uns die legale oder illegale Aufnahme eines hohen Prozentsatzes von Telefongesprächen auf Magnetbänder vorstellen (...). Nachher könnte man diese Gespräche rasch durch einen Überschlagsrechner (zumindest was die Kernsätze angeht) auswerten und die Gespräche, an denen ein besonderes Interesse besteht und die ein mehr oder weniger permanentes Aufspeichern rechtfertigen, registrieren lassen.» HERMANN KAHN

litärischen Planspielen ist eine Zukunft vorhersehbar, in der Kriege durch Datenverarbeiter geplant und ausgeführt werden.

Neben diesem direkten Zusammenhang besteht die Verbindung zwischen den Herstellern von Datenverarbeitern und der Militärindustrie. Die großen Informatikunternehmen mit internationalen Beziehungen finanzieren ihren Haushalt mit Großaufträgen militärischer Herkunft. So kommt es häufig vor, daß die Firmen, die das Zubehör von EDV-Anlagen herstellen, große Zuschüsse für die Entwicklung von Kriegsmaterial mit hoher Technologie (Atomwaffen) erhalten.

Diese Zerstörungstechniken an sich müssen nicht um ihrer selbst willen zurückgewiesen werden, sondern ihre Urheber. Immer – und um welches Gebiet der Wissenschaft es sich auch handeln mag – sind die Machthaber einer Gesellschaft die Verantwortlichen und nicht die Wissenschaft an sich ist schuld. Eine Wissenschaft ist in dem Maße inhuman, wie die Gesellschaft, die sie hervorbringt.

Die mit Bildschirm ausgerüsteten IBM-Terminale der New Yorker Polizei geben ständige Auskunft über die Verfügbarkeit von Streifenwagen und wichtige aktuelle Informationen.

Beeinträchtigung der Privatsphäre In jüngster Zeit sind eine Reihe politischer Skandale aufgedeckt worden, die sich ähnlich waren. Perfekte Techniken, die noch bis vor kurzem den großen Spionagekünstlern vorbehalten waren, sind jetzt allgemein zugänglich gemacht worden und haben so Eingang in die Büros und Privaträume vieler Bürger gefunden. Sowohl der Watergate-Skandal als auch die automatische Kontrolle vieler Telefonapparate in zahlreichen Ländern lassen sich auf einen gemeinsamen Nenner bringen: die Überwachung des Privatbereichs von Organisationen oder Individuen. Man hat es den «Überfall auf die Privatsphäre» genannt: Technologien, die eine strenge Kontrolle aller Aktivitäten ermöglichen und mit denen man das Überleben einer Regierung, einer Macht oder eines Systems sichern will.

In diesem Zusammenhang kann man von einem partikularistischen Gebrauch der Information sprechen. Der Besitz einer großen Informationsmenge bedeutet in konfliktiven Gesellschaften wie den industriellen ein Machtinstrument. Hieraus kann sich eine soziale und kulturelle Kontrolle der Bürger durch eine Elite ergeben, die eine strategische Position in der gesellschaftlichen Struktur einnehmen. Für die herrschenden Eliten ist es von wesentlichem Interesse, schnellen und vollständigen Zugang zu den Daten der von ihnen regierten Bürger zu haben. Bis vor kurzem war diese Absicht kaum vollständig durchführbar. Heute findet sie in der Informatik die Mittel, um sich in schreckliche Realität zu verwandeln. Die Datenverarbeiter schaffen mit ihrer schnellen Kalkulationsfähigkeit und ihrer Fähigkeit, Daten in großen Mengen zu speichern, theoretisch die Basis für die Inkraftsetzung dieser diktatorischen Wunschträume in einer analogen Form, wie es Aldous Huxley (1894–1963) in seinem Roman «Schöne neue Welt» ausführt.

Schon heute gibt es Anwendungen in diesem Sinne, besonders in den Vereinigten Staaten. Das «NATIONAL CRIME INFORMATION CENTER» des FBI verfügt über ein Netz von 3000 Terminals, die bis zu 50 000mal am Tag betätigt werden. Daneben gibt es ein Projekt der nordamerikanischen Regierung, demzufolge in den USA die kolossalste aller Datenbanken errichtet werden soll, das sogenannte «NATIONAL DATA CENTER». Wie kann sich der Bürger gegen solche Einrichtungen in den Händen des Staates schützen? Wer kontrolliert, ob eine Datenbank bei der Bekämpfung der Kriminalität nicht weit über ihre Befugnisse hinausgeht, um kritische Äußerungen und nonkonformistisches Denken als «Verbrechen» zu bezeichnen? Nehmen wir an, die Regierungsverwaltung erhebt unter dem Vorwand einer Wirtschafts- und Ausbildungsplanung Daten über das Leben eines Bürgers, seine Gewohnheiten, über die Bücher, die er liest und so weiter. Wer garantiert, daß sie tatsächlich dazu verwendet werden und nicht, um das Wohlverhalten dieses Menschen zu kontrollieren? Diese Fragen erfordern baldige Antworten, bevor ein furchterregendes Panorama entsteht.

Unterdessen fördert die Informatik viele Errungenschaften der Konsumgesellschaft. Vielleicht hat der eine oder andere Musikliebhaber schon einmal in seinem Briefkasten Reklame für Plattenspieler oder Tonbänder gefunden, auf denen der geheimnisvolle Satz stand: «Der Datenverarbeiter hat Sie unter vielen ausgewählt.» Woher stammt die Information über Ihre Freizeitbeschäftigung? Der Ursprung liegt in den Informationsagenturen, die über ein automatisiertes Archiv mit den Daten vieler Personen verfügen, nach denen es durchaus möglich ist, gewisse Präferenzlisten zu erstellen.

Ähnlich verhält es sich mit den «Kreditkarten», mit denen es möglich ist, Einkäufe ohne Bargeld durchzuführen. Die Käufe eines Kreditkartenbesitzers werden in Datenverarbeitern gespeichert, wodurch es möglich wird, jederzeit seine Neigungen, seine Ausgaben zu erfahren und sogar seine Bewegungen an einem Einkaufsplatz zu verfolgen.

In dieselbe Reihe läßt sich der Mißbrauch von gespeicherten Erziehungsdaten durch den Datenverarbeiter einordnen. Hierdurch kann man eine Vielzahl von Einschätzungen über den Intelligenzquotienten des Kindes auf einfache und geheime Weise speichern, die später zu einer Belastung werden können, indem Mißerfolge der Vergangenheit immer gegenwärtig bleiben. Auf geheime Weise können so Zukunftschancen verbaut werden.

Es besteht nicht nur die Gefahr, daß eine solche rigorose Kontrolle die Freiheit des Individuums verletzt, sondern außerdem eine falsche Auskunft über eine Person gegeben wird, die dann ewig auf ihr lastet. Wenn zum Beispiel in einer Lebensphase eines Bürgers der Tatbestand registriert wurde, «daß er sich in einem Entwöhnungszentrum für Alkoholiker befunden habe», dann kann dies zu seiner gesellschaftlichen Disqualifikation führen. Wie kann man garantieren, daß die oben genannte Angabe wieder aus dem Register verschwindet, nachdem der betreffende Bürger diese Krise überwunden hat? Der Bürger müßte persönlich bei der Löschung der Angabe im Register und auch der Vernichtung der übrigen Bänder anwesend sein. Bei solchen Maßnahmen kann es leicht zu Fälschungen kommen. Während der einzelne glaubt, daß sein Register korrekt geführt wird, werden insgeheim andere, ihm unbekannte Informationen gebucht.

Angesichts dieser bedrohlichen Aussichten ist es nicht verwunderlich, daß eine große Anzahl von Juristen und Bürgerrechtlern aktiv geworden sind, um die Grundlage für einen angemessenen Gebrauch der Datenbanken zu erarbeiten. Aber es ist offensichtlich, daß diese juristische Grundlage nur dann Erfolg haben kann, wenn die ganze Gesellschaft auf wahrhaft demokratischen Prinzipien beruht, die den Orientierungsmaßstab für alle Individuen bilden.

Trotz der vielfältigen Dienste, die der Datenverarbeiter für den Menschen leisten könnte, sind die meisten Datenverarbeiter in der Geschäftsführung im Einsatz. Zu dieser großen Mehrheit müssen die Einrichtungen hinzugezählt werden, die direkt der Machtausübung dienen und die mit Leichtigkeit zur Ausübung von Unterdrückung im Dienste weniger Personen degenerieren können. Es ist niemals vergebens, auf den regelwidrigen Gebrauch der Informatik und generell der Wissenschaft hinzuweisen.

Ein Beispiel ist die Medizin. Wir haben bereits gesehen, daß die Informatik von großem Nutzen für die Medizin sein kann. Zur Unterstützung des Arztes bei der Diagnose, um Aufschluß über die biologischen Konstanten der Patienten zu erhalten, als Beobachter der Verbreitung von Epidemien oder zur Lokalisierung der Gründe von Arbeitsunfällen. Kann man allerdings von einem bedeutenden Einsatz auf diesem Gebiet sprechen? Sicherlich nicht. Der Einsatz der Informatik im Bereich der Medizin beschränkt sich hauptsächlich auf den finanziellen und verwaltungstechnischen Bereich der pharmazeutischen Laboratorien und nur in wenigen Fällen auf die Hilfe in den Krankenhäusern.

Die Geschäftsführung ist der wirkliche Anwendungsbereich der Datenverarbeiter in der kapitalistischen Gesellschaft. Auf der anderen Seite beschäftigen sie sich mit den Aufgabenbereichen, die auf die physische Vernichtung oder die Beseitigung der Freiheit des Menschen ausgerichtet sind.

Der Datenverarbeiter für oder gegen den Menschen, das ist hier die Frage. Oder, was auf dasselbe hinausläuft, tritt der Mensch für oder gegen seinen Fortschritt ein.

Durch Computereinsatz bei der Erforschung des Meeresgrundes konnten große Fortschritte erzielt werden. Ein Wissenschaftler verfolgt die eingehenden Informationen, während der Meeresboden «abgetastet» wird.

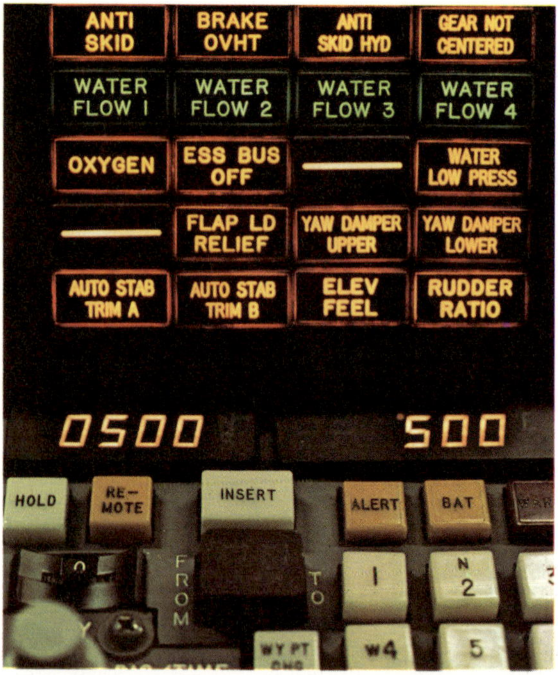

Die spezielle Ozeanografie erfordert den Einsatz von Forschungsschiffen. Dort werden programmgesteuerte Messungen über Gestalt und Tiefe, physikalisch-chemische Eigenarten und Bewegungsvorgänge einzelner Meeresräume durchgeführt.

Der Informatik-Markt Die Informatik hat sich so schnell entwickelt, daß sie heute nach 20jährigem Bestehen eine besonders wichtige Position im kapitalistischen Wirtschaftsbereich einnimmt. 1971 war der Wert des Datenverarbeiterbestandes in den Vereinigten Staaten dem Nationalprodukt der Niederlande, Schwedens und Spaniens gleich und übertraf das Nationalprodukt von Ländern wie Belgien, der Schweiz und Dänemark.

Allerdings reichen die absoluten Zahlen allein nicht aus, um sich die Bedeutung der Informatik zu vergegenwärtigen. Daneben müssen die positiven Impulse auf die Gesamtproduktion, etwa bei dem erhöhten Gebrauch von Elektroteilen und der Entwicklung einer Zulieferungsindustrie, mit berücksichtigt werden.

Man kann daher den Markt der Informatik als enorm groß einschätzen. Trotzdem stellen einige wenige Firmen fast den gesamten Bestand der verkauften Datenverarbeiter. Eine von ihnen, die IBM, kontrolliert fast zwei Drittel des Marktes. Man kann, ob man will oder nicht, ohne dieses riesige Unternehmen – 260 000 Beschäftigte und 1970 mehr als 1000 Millionen Dollar Reingewinn, Fabriken in 19 Ländern und Verkäufer in 109 Staaten – kaum von Datenverarbeitern sprechen. Es handelt sich hier um einen multinationalen Konzern. Die Entscheidungen werden im Stammhaus in den Vereinigten Staaten getroffen, und die Mitglieder des Verwaltungsrates, die sie treffen, sitzen in den Aufsichtsräten oder leitenden Positionen großer Firmen wie: United Fruit, Exxon, Mobil Oil, Caterpillar, Pan American, Federal Reserve Bank, First National City Bank und so weiter oder haben wichtige Funktionen im diplomatischen Dienst oder dem Verteidigungsministerium inne. So ist die IBM international in ihrer Verbreitung, aber typisch nordamerikanisch in ihrem Geschäftsstil und Aufbau. Die Vorteile daraus sind beträchtlich. Der Zugang zu einer großen Anzahl von Märkten wird möglich bei der gleichzeitigen Chance, die Kenntnisse der Techniker anderer Länder auszunutzen. Gleichzeitig wird ein gewisser Schutz gegenüber Nationalisierungsmaßnahmen gegeben. Normalerweise wird keine Anlage vollständig in einem Land hergestellt, außer in den Vereinigten Staaten. Daneben sind dieselben Produktionssysteme in einigen Ländern vorhanden. Einem der Unternehmensleiter sagt man sogar den Satz nach: «Wenn sie IBM nationalisieren, verstaatlichen sie nur Wände.» So groß ist die Macht von IBM, daß die Firma durch ihr Verhalten die Entwicklung der Informatiktechnik lenken kann. Die weitere Verwendung von Lochkarten kann man hauptsächlich auf das Vorhandensein eines großen Bestandes von Lochmaschinen (500 000 bis 600 000 Ende der 60er Jahre) zurückführen, die im Besitz der IBM und zum großen Teil von ihr abgesetzt worden sind. Das sich daraus ergebende monatliche Mieteinkommen bewegt sich um die 50 Millionen Dollar.

Dennoch ist der Konkurrenzkampf hart, und die IBM muß alle ihre zahlreichen Mittel einsetzen, um die Marktposition zu halten und zu stärken.

Auf Grund des nordamerikanischen Anti-Trust-Gesetzes hat sich die Firma wiederholt Anklagen ausgesetzt gesehen. Teilweise haben die Anklagen zu einer Verurteilung geführt, aber in den meisten Fällen haben sie dazu gedient, die Macht von IBM zu demonstrieren.

In den übrigen Staaten sieht die Konkurrenz um die Marktanteile anders aus. Nur den Unternehmen in Japan und England ist es gelungen, einen wichtigen Teil ihres eigenen Marktes für sich zu behalten. Von dieser soliden Basis aus schicken sich die Japaner an, auf die europäischen Länder überzuwechseln. Diese haben bisher nicht sonderlich energisch und zusammenhängend gehandelt.

Zweifellos war bisher der französische Plan «CALCUL» die spektakulärste Tätigkeit. Ihm ist es zu verdanken, daß es eine französische Datenverarbeiterproduktion gibt, die aber selbst im eigenen Land wenig Marktanteile hat. Hierdurch wird ein gewisses Gefühl nationaler Unabhängigkeit entwickelt, was jedoch sehr illusorisch ist, wenn man bedenkt, daß die meisten Teile der dort montierten Datenverarbeiter aus den Vereinigten Staaten stammen. Heute erkennen einige europäische Konstrukteure langsam, daß sie nicht alleine überleben können und beginnen, die ersten ernsthaften Schritte zu einer Fusion und Koordination ihrer Aktivitäten einzuleiten. Das Problem ist allerdings komplex, weil es von der jeweiligen Rolle abhängt, die die betreffenden Länder international spielen.

In diesem Zusammenhang ist es interessant, sich die Entwicklung des Plans «Calcul» anzusehen. Früher gab es in Frankreich mit der Firma «Bull» ein Un-

Weltweite Installationen von Universalrechnern (Ende 1976, geschätzt)

Installierte Rechner im Verhältnis zu Bruttosozialprodukt und Einwohnerzahl

Land	Einwohnerzahl 1976 in Millionen	Bruttosozialprodukt 1976 in Milliarden Dollar	Anzahl CPU's 1976	CPU-Wert		Anzahl CPU pro Million Einwohner	CPU-Wert in Dollar pro Bruttosozialprodukt
				in Millionen Dollar	in Proz. v. Gesamtwert		
USA	215	1 691	61 126	37 287	45,3	284	2,2
Japan	112	550	19 319	8 381	10,0	172	1,5
Kanada	23	92	3 372	2 301	2,7	145	1,2
Westdeutschland	62	452	10 660	6 527	7,9	173	1,4
Großbritannien	56	217	8 543	4 794	5,8	153	2,2
Frankreich	53	346	9 186	4 768	5,8	173	1,4
Italien	56	163	4 491	2 119	2,6	80	1,3
Belgien/Niederlande	24	155	3 575	1 988	2,4	152	1,3
Skandinavien	22	170	2 744	1 869	2,3	124	1,1
Schweiz	6	60	1 723	1 144	1,4	271	1,9
Spanien	36	103	1 613	800	1,0	45	0,8
Andere westeuropäische Länder	30	92	1 198	656	0,8	39	0,7
Westeuropa (gesamt)	**345**	**1 758**	**43 733**	**24 665**	**30,0**	**127**	**1,4**
Südamerika	309*	301**	3 237	1 396	1,7	10*	0,5**
Afrika/Mittlerer Osten	516*	322**	1 837	901	1,1	4*	0,3**
Südost-Asien/Ozeanien	1 114*	250**	1 549	729	0,9	1*	0,3**
Australien	14	92	1 874	985	1,2	137	1,1
UdSSR	255*	787**	11 482	3 979	4,8	45*	0,5*
Andere Ostblockländer	127*	326*	3 817	1 515	1,8	30*	0,5**
Ostblockländer (gesamt)	**382***	**1 113****	**15 299**	**5 494**	**6,7**	**40***	**0,5****
Gesamt	**3 030**	**6 169**	**151 346**	**82 189**		**50**	**1,3**

* Einwohnerzahl Mitte 1975 ** 1975 Bruttosozialprodukt

(Small-Business-Systeme und Minicomputer wurden nicht berücksichtigt.)

Quelle: EDP industry report, September 1977

Weltweiter Umsatz der US-Minicomputer-Hersteller 1976						
	Umsatz in Mill. Dollar			Absatz in Stück		
	1975	1976	Prozent	1975	1976	Prozent
DIGITAL EQUIPMENT	500	710	38,0	13 800	19 500	30,0
HEWLETT-PACKARD	240	304	16,3	4 500	5 500	8,6
DATA GENERAL	112	179	9,6	4 800	6 800	10,7
HIS	90	112	6,0	1 350	1 600	2,5
GENERAL AUTOMATION	58	79	4,2	4 000	3 750	5,9
TEXAS INSTRUMENTS	55	58	3,1	2 700	3 000	4,7
INTERDATA	43	56	3,0	1 700	1 750	2,7
VARIAN	38	40	2,1	1 000	1 200	1,9
MODCOMP	38	38	2,0	600	650	1,0
CONTROLDATA	30	35	1,9	300	300	0,5
COMPUTER AUTOMATION	25	34	1,8	2 050	4 900	7,7
MICRODATA	17	34	1,8	2 050	1 880	3,0
LOCKHEED	11	23	1,2	900	1 265	2,0
PRIME	11	23	1,2	350	460	0,7
SEL	8	23	1,2	50	150	0,2
HARRIS	15	20	1,1	220	250	0,4
DCC	10	18	1,0	2 000	3 500	5,5
SONSTIGE	74	84	4,5	6 580	7 370	11,4
SUMME	1 375	1 870	100,0	51 900	63 825	100,0

Quelle: IDC

Ein erster Einlenkungsversuch, um die Bürger vor Mißbrauch gespeicherter Informationen über sie zu schützen und auch vor dem Verkauf amtlicher Karteien an Unternehmen, ist das Datenschutzgesetz des Bundes, das am 1. 1. 1978 in Kraft getreten ist. Verantwortlich sind ein Bundesdatenschutz-Beauftragter, der mit einem riesigen Verwaltungsapparat arbeitet, sowie ein «Beauftragter für den Datenschutz» in jedem Unternehmen mit EDV. Beide haben allerdings keine direkte Eingriffsberechtigung, sie haben nur ein Informationsrecht. Außerdem gibt es gesetzliche Regelungen und behördliche Einrichtungen, die weitreichender sind als das neue Gesetz (Verfassungsschutz, Verbrechensbekämpfung, Rechte der Medien, Datensammlungen in behördlich angelegten Akten). Zumindest haben «Betroffene» ein Recht auf Auskunft bei Behörden und Firmen.

ternehmen mit langer Tradition und einem ausgezeichneten wissenschaftlichen Niveau, deren Datenverarbeiter in vielen Bereichen den Konkurrenzmodellen überlegen waren. Die wirtschaftliche Macht und die Geschicklichkeit der Unternehmensführung lagen aber nicht auf dem Niveau ihrer technischen Fähigkeiten, wodurch die Firma in wirtschaftliche Bedrängnis geriet. Sie wurde von «General Electric» aufgekauft und nannte sich in der Folgezeit «Bull – GE». Frankreich hatte seine Datenverarbeiterindustrie verloren, ohne daß die Regierung irgend etwas dagegen unternahm. Damals wurde der Plan «Calcul» konzipiert, der für die französische Staatskasse sicherlich viel teurer ist, als es die Kosten für den Erhalt der Firma «Bull» gewesen wären. Außerdem bevorzugt dieser Plan einige Industriegruppen, die so erhebliche Subventionen erhalten.

Angesichts der Schwierigkeiten bei der Entwicklung und Konsolidierung einer eigenen Datenverarbeitungsindustrie vertreten manche die Meinung, daß in den weniger entwickelten Ländern die Entwicklung einer eigenen *Software* die richtige Politik gegenüber der Informatik wäre. Auf den ersten Blick scheint dieser Gedanke zutreffend: um Software herzustellen, braucht man vor allem intellektuelle Fähigkeiten, und diese findet man schließlich in allen Ländern. In der Praxis sind die Möglichkeiten, eine gute Software herzustellen, mit dem Niveau des Erziehungssystems und der Benutzer der Informatik in dem Land verbunden und natürlich auch mit der *Hardware,* ohne die Software nicht arbeiten kann.

Die Zukunft der Informatik Jede Schlußfolgerung über die Informatik, besonders aber über ihre Perspektiven, kann zu falschen Prognosen führen. Wird die Maschine den Menschen übertreffen? Wird es in naher Zukunft Maschinen mit Denkfähigkeit geben? Auf diese Fragen gibt es zwei gegensätzliche, doch unfundierte Antworten. Einige lehnen die Entwicklung der Datenverarbeiter ab,

Die rasche Entwicklung der Datenverarbeitungstechnologien rückt immer mehr in die Diskussion um strukturelle Arbeitslosigkeit. Burroughs, links ein Produkt, setzte z. B. 1973 900 Mio. US-Dollar um.

	Gehirn des Menschen a	Daten-verarbeiter b	Verhältnis von a zu b
Reaktionsgeschwindigkeit	eine hundertstel Sekunde	eine zehnmillionstel Sekunde	100 000mal langsamer
Geschwindigkeit der Informationsübermittlung	10–30 Bits pro Sekunde	Millionen bits/Sek.	100 000mal langsamer
Geschwindigkeit der Informationsspeicherung	1 Bit/Sek im langf. „Speicher"	10^6 Bits/ Sekunde	100 000mal langsamer
Speicher-Kapazität	10^9 Bits	10^{10} Bits	10mal kleiner
Prozessierung der Daten	parallel	Serie	
Verbindungen	viele	wenige	
Filter	sehr leistungsfähige	müssen zusätzlich eingebaut werden.	
Auswirkungen einer partiellen Störung	bedingt nur selten „sinnlose" Ergebnisse.	bedingt in der Regel sinnlose Ergebnisse.	
Beschäftigung mit Problembereichen	sehr breit	beschränkt	

weil sie fürchten, die Datenverarbeiter könnten die von ihnen gesetzten Grenzen überschreiten. Andere, die den Gebrauch der Datenverarbeiter kontrollieren, gefallen sich darin, sie als mechanisierte Kunstwerke, die objektiv für sich selbst entscheiden können, darzustellen, womit versucht wird, solche Entscheidungen (die in Wahrheit die ihrigen sind) außerhalb jeder Diskussion anzusiedeln.

Weiter vorne im Text haben wir auf die geringe Geschicklichkeit der Datenverarbeiter und auf die ausschlaggebende Bedeutung des Programms, das von den Menschen zusammengestellt wird, hingewiesen. Wir haben auch auf seine Fähigkeiten, darunter des «Erlernen» von Sachen, die der Datenverarbeiter nicht «wußte», unter der Voraussetzung, daß er auf das «Erlernen» programmiert wurde, hingewiesen. Kann der Datenverarbeiter also doch den Menschen ersetzen? Bei vielen Arbeiten tatsächlich und mit erheblicher Überlegenheit. Trotzdem übertrifft die Komplexität des menschlichen Gehirns bis jetzt auch die leistungsfähigsten Datenverarbeiter. Aber hierbei handelt es sich nur um einen rein technischen Aspekt, und der Fortschritt der Technik ist gewaltig, so daß sich die Situation in wenigen Jahren ändern könnte. Entscheidend ist die Einschätzung der menschlichen Natur als die Gesamtheit der sozialen Beziehungen, die schöpferische Fähigkeit des Menschen liegt hauptsächlich in seinen sozialen Beziehungen begründet. Vielleicht könnte es einen denkenden Roboter geben, aber er müßte den gesamten Weg gehen, den die Menschen im Laufe ihres Lebens durchlaufen. Abschließend darf man nicht vergessen, daß sich die Entwicklung der Informatik, die einen wichtigen ökonomischen Teilbereich darstellt, innerhalb der eigengesetzlichen Konditionierung eines konkreten industriellen Sektors abspielt. Es scheint realistischer zu sein, die Frage von dieser Blickrichtung aus zu beurteilen.

Perspektiven Die Schwierigkeiten, die sich bei jeder Vorhersage ergeben, scheinen im Fall der Informatik beinahe unüberwindlich. Der technische Wandel ist gleichzeitig Produkt und Auslöser sozialen Wandels. Durch die starke Konzentration des Bereiches wird die Zukunft in hohem Maße von den Entscheidungen abhängen, die in den Machtzentren gefällt werden, wodurch jegliche Vorhersage relativiert wird.

Im folgenden wird versucht, die Ungewißheiten und offenen Alternativen in der heutigen Zeit aufzuzeigen, die sich in der Zukunft entscheiden werden.

In den nächsten Jahren wird sich die Ausbreitung des Datenverarbeiters im Produktions- und Kontrollsystem sicherlich fortsetzen. Ungewiß ist noch, in welchem Ausmaß, in welcher Weise und zu wessen Nutzen. Mit Sicherheit kann man annehmen, daß die Verarbeitungsgeschwindigkeit zunehmen und die relativen Kosten abnehmen werden. Aber werden der Zulieferungsbereich und die Datensammlungstechnik eine ähnliche Zuwachsquote aufzeigen können? Von technologischer Seite aus gibt es keine Hindernisse. Man darf jedoch die ökonomischen und sozialen Probleme, die mit diesem Prozeß verbunden sind, nicht außer acht lassen. Eine Automatisierung der Datensammlung kann einen Ver-

Heute sind die Angestellten, die früher das Privileg relativ sicherer Arbeitsplätze hatten, durch das Rationalisierungsinstrument EDV zunehmend von Arbeitslosigkeit bedroht.

lust an Arbeitsplätzen hervorrufen. Es ist das Gespenst der Arbeitslosigkeit, das die Informatik von Anfang an begleitet hat und dem sie bisher zumeist ausweichen konnte. Außerdem kann eine Geschwindigkeitserhöhung im Zuliefererbereich die offfensichtliche Unterbeschäftigung der zentralen Prozeßeinheiten im jetzigen Moment deutlich machen und somit zu einer Schrumpfung des Marktes führen.

Andererseits kann innerhalb der nächsten Jahre sicher mit einer kräftigen Expansion der Datenspeicher mit großer Kapazität (zum Beispiel mit einer Billion von Zeichen) und mit einem kurzen Zeitspielraum bis zum Zugang zu jeglicher Art von Information gerechnet werden. Verschiedene Technologien werden dabei erprobt, aber das wichtigste ist, daß die potentielle Kundschaft dafür bereits vorhanden ist. Es sind die heutigen und zukünftigen Benutzer der Datenbanken.

Mit Sicherheit kann man einen harten Konkurrenzkampf zwischen den Fabrikanten von Datenverarbeitern vorhersagen. In den vergangenen Jahren sind einige Konkurrenten ausgeschieden, aber andere haben an Stärke gewonnen und befinden sich in Auseinandersetzung mit dem Riesen IBM, der aber sicherlich die größten Marktanteile behalten wird. Aber werden sich die europäischen Firmen konsolidieren und einen Teil des Marktes erobern können? Werden die Japaner in den Markt einbrechen können, ähnlich wie es ihnen bereits mit anderen Produkten gelungen ist?

Die geplante Erweiterung der Informatik in den Ländern des COMECON («Council for Mutual Economic Assistance», Wirtschaftsorganisation der sozialistischen Länder) muß ebenfalls mit berücksichtigt werden, obwohl man natürlich keine genauen Auswirkungen auf die kapitalistischen Länder abschätzen kann.

Ob die Zunahme des Bestandes an Datenverarbeitern hauptsächlich auf großen oder kleinen Maschinen beruhen wird, kann man nicht vorhersagen. In einigen Bereichen kann man die letzteren kaum ersetzen oder aber bei dem Großteil

Solange sich der Einsatz von EDV in unserer Gesellschaft neben der Unternehmensplanung auf physische Vernichtung und Einschränkung der Freiheit des Menschen beschränkt, kann man zwar von einem hohen technologischen Wissensstand, nicht aber von echtem technischen Fortschritt sprechen.

der informatisierten Geschäftsführung können die gestellten Anforderungen sowohl durch große mit entsprechenden Terminals verbundenen Datenverarbeitern als auch durch eine Vielzahl von kleinen und mittleren Datenverarbeitern gelöst werden. Im ersten Fall könnte es schließlich so weit kommen, daß die Kalkulationsfähigkeit zu einem bezahlten Dienstleistungsbetrieb wie das Telefon wird. Auf weite Sicht scheint diese Lösung am ökonomischsten zu sein. (Man muß dabei berücksichtigen, daß ein Datenvararbeiter, der 100mal stärker ist als ein anderer nur 10mal soviel kostet.) Es bleibt eine offene Frage, ob die Hersteller von Datenverarbeitern an dieser Entwicklung interessiert sind. Wie läßt sie sich vor allem mit Problemen wie dem Betriebsgeheimnis vereinbaren, welches eng mit dem System der Privatwirtschaft verbunden ist? Vor einigen Jahren, als viele die Tendenz hin zur Herstellung großer Datenverarbeiter erwarteten, hat der Hauptthersteller kleine Modelle auf den Markt gebracht. Dadurch wurde eine bisher kaum beachtete Lücke geschlossen.

Die Spezialisten der Informatik neigen häufig zu einer düsteren Perspektive. Heutzutage ist die Informatik zu einer lebenswichtigen Aktivität mit beträchtlichen Kosten für viele Unternehmen und Regierungen geworden. Eine Verfestigung der Tendenz zur Kontrolle der Arbeiter und Lohnerhöhungen, wie sie sich in den hochentwickelten Ländern bereits deutlich abzeichnet, kann deshalb angenommen werden.

Nachdem die Mechanisierung der rein verwaltungstechnischen Aspekte abgeschlossen ist, kann man annehmen, daß sich die Anwendungsbereiche auf die Produktionskontrolle und die Hilfe bei der Entscheidungsfindung ausweiten werden. Wahrscheinlich ist auch ein rasches Eindringen der Informatik in den Bereich der Medizin, obwohl deren Entwicklung weitgehend von der Korrelation der sozialen Kräfte abhängen wird.

Vielleicht wird es in einigen Jahren in jedem Haus ein Terminal geben so wie heute ein Telefon. Die Menschen werden in einer Gesellschaft ohne Geld leben, weil jede Transaktion automatisch durch Terminals aufgezeichnet und verrechnet wird. Mit einem Terminal in jedem Haus ergäben sich vielfältige Möglichkeiten. Eine bibliographische Information ist ebensogut zugänglich wie die Zusammenstellung der ökonomischsten Mahlzeit, die eine bestimmte Anzahl von Kalorien, Proteinen und Vitaminen enthält. Wichtig ist allein die Frage, wer der Verwalter der aus dem Terminal erhältlichen Information ist, wer darüber entscheidet, was zugänglich ist und was nicht. In der Gesellschaft ohne Geld können wir mit einem einfachen und bequemen Ausweis ohne Brieftasche ausgehen. Aber an irgendeiner Stelle könnten durch die Terminals sämtliche unserer Schritte registriert werden, ohne daß wir eine Möglichkeit hätten, es zu verhindern oder zu ändern. Alles, was wir tun, kann demnach gegen uns verwendet werden.

Das sind reizvolle, aber auch beunruhigende Perspektiven. Die Zukunft der Informatik wird außerhalb des eigentlichen Bereiches der Informatik entschieden werden.

Begriffserklärungen

Axiom (gr., lat.) Ein als richtig anerkannter, nicht abgeleiteter Grundsatz, aus dem andere Aussagen eines Wissenschaftsgebietes abgeleitet werden können.

Code (engl.) Die Anleitung, nach der ein durch EDV darzustellendes Zeichen einer bestimmten Kombination von Symbolen zugeordnet ist, nennt man den Code. Nach bestimmten Codes werden zur Datenerfassung die Zeichen für die menschliche Sprache in maschinenlesbare Schrift übertragen; zur Eingabe in die EDV-Anlage wird diese codierte Schrift dann nach einem anderen Code in die computerinterne Sprache «übersetzt».

Elektronik (gr.) Zweig der angewandten Physik, der sich speziell mit den Wechselwirkungen zwischen Elektronen und dem Kristallaufbau fester Körper beschäftigt (z. B. für die Konstruktion elektronischer Geräte, von Elektronenröhren, Transistoren oder Fotozellen).

Hardware siehe → Software.

Input, Output (engl.) Ein- und Ausgabe von Daten oder eines Programms in eine EDV-Anlage.

Integrierter Schaltkreis Mit Hilfe der Erkenntnisse in der Mikroelektronik kann heute eine Vielzahl elektronischer Bauelemente auf einem Träger kleinsten Ausmaßes (z. B. auf einem Halbleitereinkristallplättchen oder auf einem isolierenden Substrat wie Glas oder Keramik) als integrierte Schaltung untergebracht werden (z. Z. etwa 100 Bauelemente auf 1 cm^2 Substratoberfläche und 1000 auf 1 cm^2 Halbleiteroberfläche). Integrierte Schaltkreise erlaubten die Konstruktion immer kleinerer Datenverarbeiter bis hin zu den Minicomputern.

Simulation (lat.) Auf der Grundlage von Erfahrungen und Gesetzmäßigkeiten aus der Wirklichkeit können in einer Simulation mit einer EDV-Anlage alle Daten z. B. für einen Geschäftsvorgang oder einen Produktionsprozeß ausgewertet und verknüpft werden. Nur mit Rechenvorgängen und ohne Konstruktion eines Modells können so Voraussagen für den Ausgang eines Prozesses unter beliebig angenommenen Bedingungen getroffen werden.

Software, Hardware (engl.) Alles, was in der Informatik nicht materiell ist, d. h. keinen Körper hat und daher auch keinen Raum einnehmen kann (im Gegensatz zur Hardware, der Anlage, den Datenträgern, den Ein- und Ausgabeeinheiten usw.), bezeichnet man als Software; im einzelnen die Programmiersprachen, ihre Compiler, die Programme usw.

Transistor (lat., engl.) Elektronisches Bauelement zur Verstärkung elektrischer Impulse, dessen wesentlichster Bestandteil ein Halbleiter ist. Transistoren sind sehr klein und haltbar, sie arbeiten mit niedriger Betriebsspannung und werden hauptsächlich in Radio- und Fernsehempfängern verwendet, seit 1948 waren sie in der Datenverarbeitung unentbehrlich.

Vakuumröhre (lat.) / (Elektronenröhre) Elektronisches Bauelement zur Verstärkung, Gleichrichtung oder Schwingungserregung elektrischer Impulse, in dem (meist 3, in Mehrelektrodenröhren 4, 5, 6 und 8) Elektroden in einem Vakuum angeordnet sind. Die Elektronenröhre fand in der EDV vor den kleineren und beständigeren Transistoren Anwendung, das erste Mal in dem Rechner ENIAC von 1946.

Literaturhinweise

Barron, D.W.: Assembler und Lader. (Computer-Monographien, 2.). Hanser Verlag, München 1970

Chorafas, D.: Computer in der Medizin. (Informationssysteme). de Gruyter Verlag, Berlin 1972

Clark, J.O.E.: Computer und ihre Verwendung. (Delphin-TB in Farbe, 5). Delphin Verlag / Kurt Desch Verlag, Stuttgart 1970

Czap, H.: Einführung in die EDV. (physika paperbacks). Physika Verlag, Würzburg 1976

Colin, A.J.T. Betriebssysteme. (Computer-Monographien, 9). Hanser Verlag, München 1973

Cuttle, G. und P. Robinson (Hg.): Aufbau von Betriebssystemen. (Computer-Monographien, 8). Hanser Verlag, München 1972

Elgozy, G.: Der Computer-Wahn. Gefahr und Nutzen der Informationsmaschine. (Fischer-TB, 1664). Fischer Taschenbuchverlag, Frankfurt / Main 1975

Encarnacao, J.L.: Computer Graphics. Programmierung und Anwendung von graphischen Systemen. (Verfahren der Datenverarbeitung). Oldenbourg Verlag, München 1975

Eyferth, K., K. Fischer und U. Kling: Computer im Unterricht. Formen, Erfolge und Grenzen einer Lerntechnologie in der Schule. Ernst Klett Verlag, Stuttgart 1974

Fischbach, F. und R. Hambusch: Lexikon zur Datenverarbeitung. Schwierige Begriffe einfach erklärt. (rororo sachbuch, 6220). Rowohlt Taschenbuch Verlag, Reinbek bei Hamburg 1978

Foster, J.M.: Automatische Syntax-Analyse. (Computer-Monographien, 7). Hanser Verlag, München 1971

Geiger, H. und J. Schneider: Der Umgang mit Computern. Möglichkeiten und Probleme ihres Einsatzes. (Beck'sche Elementarbücher). C.H. Beck'sche Verlagsbuchhandlung, München 1975

Gola, P., K. Hümmerich und U. Kerstan: Datenschutzrecht I. Erläuterte Rechtsvorschriften und Materialien zum Datenschutz. Das Bundesdatenschutzgesetz. Verfassungsrechtlicher Datenschutz. Internationaler Datenschutz. (EDV und Recht, 10 / 1). J. Schweitzer Verlag, Berlin 1977

Harbordt, S.: Computersimulation in den Sozialwissenschaften. I. Einführung und Anleitung. (rororo studium, 49). II. Beurteilung und Modellbeispiele. (rororo studium, 50). Rowohlt Taschenbuch Verlag Reinbek bei Hamburg 1974

Heßler, H. und H. Urban: Computer, Aufbau, Funktion und Anwendung. (Information heute, 3). Verlag Otto Maier, Ravensburg 1972

Hoffmann, G.E.: Computer, Macht und Menschenwürde. Verlag R. Piper, München 1976
Itzinger, O.: Methoden der maschinellen Intelligenz. Eine Einführung. (Computer-Monographien, 10). Hanser Verlag, München 1976
Kaier, E.: Lehren, Lernen und Computer. Datenverarbeitung in der Schule, Aus- und Weiterbildung. (dva Lehrtechnologie). Deutsche Verlags-Anstalt, Stuttgart 1977
Kaufmann, H.: Die Ahnen des Computers. Von der phönizischen Schrift zur Datenverarbeitung. Econ Verlag, Düsseldorf 1974
Kopetz, H.: Softwarezuverlässigkeit. (Computer-Monographien, 11). Hanser Verlag, München 1976
Neff, H.: XAP oder müssen sie arbeiten? Fragte der Computer. Diogenes Verlag, Zürich 1973
Moles, A.A.: Kunst und Computer. (DuMont Kunst-Taschenbücher, 1). Verlag M. DuMont Schauberg, Köln 1973
Umhauer, G.: Partner Computer, Datenverarbeitung verständlich gemacht. Mit einem Leitfaden für EDV-Berufe. Herder Verlag, Freiburg 1975
Risak, V.: Methoden der rationalen Programmentwicklung. (Computer-Monographien, 12). Hanser Verlag, München 1976
Wadehn, G. (Hg.): Der Computer am Arbeitsplatz. R. Müller Verlag, Köln 1977
Weizenbaum, J.: Die Macht der Computer und die Ohnmacht der Vernunft. Suhrkamp-Verlag, Frankfurt / M. 1977
Wemann, G. und D. Wiesmann: Computer. (Hallwag-TB, 97). Hallwag-Verlag, Kemnat 1971
Wolters, M.F. (Hg.): Der Schlüssel zum Computer / Leitprogramm. Einführung in die elektronische Datenverarbeitung. (rororo sachbuch, 6839). Rowohl Taschenbuch Verlag, Reinbek bei Hamburg 1974
Wolters, M.F. (Hg. u. a.): Der Schlüssel zum Computer. II / Textbuch. Einführung in die elektronische Datenverarbeitung. (rororo sachbuch, 6840). Rowohlt Taschenbuch Verlag, Reinbek bei Hamburg 1974

Sachwortregister

Personennamenregister